단계별로 실력을 키워가는

うきうき
우 키 우 키
일본어

초중급회화

단계별로 실력을 키워 가는
new 우키우키 일본어 초중급회화

지은이 나가하라 나리카츠
펴낸이 임상진
펴낸곳 (주)넥서스

초판 1쇄 발행 2008년 9월 30일
초판 18쇄 발행 2015년 10월 20일

2판 1쇄 발행 2016년 3월 30일
2판 18쇄 발행 2025년 3월 28일

출판신고 1992년 4월 3일 제311-2002-2호
주소 10880 경기도 파주시 지목로 5
전화 (02)330-5500 팩스 (02)330-5555

ISBN 979-11-5752-713-7 13730

저자와 출판사의 허락 없이 내용의 일부를
인용하거나 발췌하는 것을 금합니다.
저자와의 협의에 따라서 인지는 붙이지 않습니다.

가격은 뒤표지에 있습니다.
잘못 만들어진 책은 구입처에서 바꾸어 드립니다.

www.nexusbook.com

단계별로 실력을 키워가는

NEW
うきうき
우 키 우 키

일본어
나가하라 나리카츠 지음
초중급회화

넥서스 JAPANESE

첫 머 리 에

うきうき にほんご

　이 책은 주로 학원에서 기초 문법을 마치고 올라가는 일본인회화 수업을 위해 만들어졌습니다. 단어를 열심히 외우고 문법도 어느 정도 머릿속에 정리되어 있다 하더라도 막상 일본인 강사와 수업을 하게 되면 좀 부담스러운 것이 사실입니다. 아마도 '과연 내가 지금까지 배운 일본어가 일본인 앞에서 잘 통할까?', '내가 하는 일본어를 일본인이 잘 알아들을까?' 하는 걱정들이 앞설 것입니다. 이전에 나온 〈우키우키 일본어 STEP 1·2·3·4〉와 〈우키우키 일본어 초급회화〉를 마스터했다면, 이제부터는 그동안 배운 문법을 회화에서 응용하여 한 단계 업그레이드된 일본어를 구사할 수 있도록 연습해야 합니다.

　이 책에 나오는 문법은 주로 일본어능력시험 N3 이상의 문법으로 구성되었으며, 한자도 일본어능력시험 N3에 출제되는 한자만 수록하였습니다. 이 책을 통해서 학습한 문법을 어떤 식으로 회화에서 사용하고 어떤 상황에서 어떤 표현을 써야 할 것인가를 배울 수 있으며, 일본어 학습자들이 궁금해 하는 문법을 보다 이해하기 쉽게 설명해 놓았습니다. 또한 간단한 프리토킹을 통해서 일본인 앞에서 무언가를 설명하거나 자신의 생각을 말할 수 있도록 구성되었습니다. 회화는 기술입니다. 적시에 필요한 표현을 머릿속에서 끄집어내어 상대방에게 전달하는 기술을 배워야 합니다. 이 책의 DIALOGUE에 나오는 표현들을 연구해서 일본인과 일본어로 대화하기 위한 테크닉을 배웠으면 하는 바람입니다.

　「ローマは一日にして成らず(로마는 하루아침에 이루어진 것이 아니다)」라는 속담이 있듯이 어학도 매일 매일 공부해야 조금씩 실력이 향상되는 것이지 하루아침에 느는 것은 아닙니다. 중간에 아무리 포기하고 싶더라도 참고 견디어야 하는 것이 어학입니다. 그 과정을 거쳐서 계속 배워 나가면 어느 날 갑자기 말문이 열리는 경우도 있습니다. 회화에서는 문법보다 어휘가 더 중요합니다. 이 책에 나오는 표현과 어휘를 열심히 외워서 일본인 앞에서 당당하게 일본어로 이야기할 수 있게 되기를 기대합니다.

저자 나가하라 나리카츠

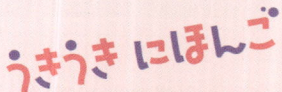

이 책의 구성과 특징

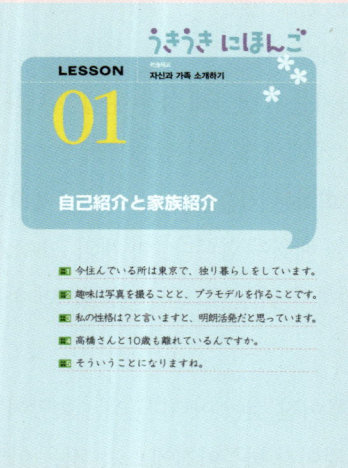

주요 문형
주제별 회화를 간략하게 소개하면서 각 과에서 다루게 될 중요 표현이나 기초 문법들을 제시하였습니다.

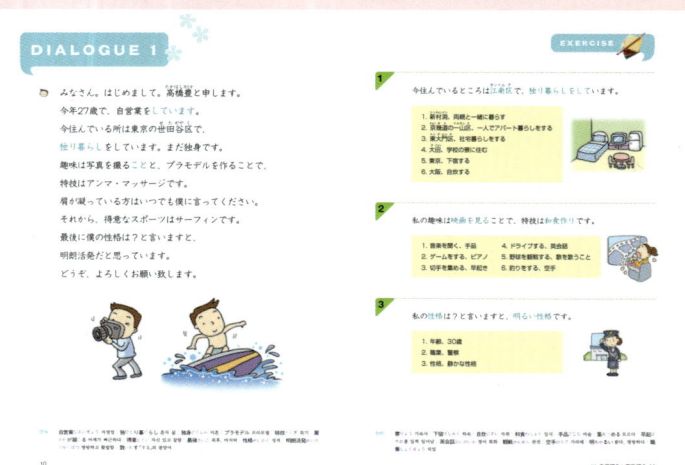

DIALOGUE
주제와 관련된 대화를 일본인들이 실생활에서 자주 쓰는 일본어로 연습합니다. 대화를 할 때 유용한 표현들을 익힐 수 있습니다.

EXERCISE
DIALOGUE에 나온 표현을 다양하게 활용하여 연습해 봅니다. 어떤 상황에서 어떻게 말하는지 회화 연습을 하는 코너입니다.

PHRASE
DIALOGUE에 나온 표현을 학습하는 코너입니다. 유창한 회화를 위해 꼭 알아야 할 구문을 클로즈업해서, 보다 정확하고 세련된 일본어를 익힐 수 있도록 설명하였습니다.

FREE TALKING
배운 표현들을 활용하여 자유롭게 이야기해 봅니다.

VOCABULARY
주제에 관련된 표현이나 어휘를 배웁니다.

KANJI
일본어능력시험 3급에 출제되는 한자들을 직접 써 보면서 익힙니다.

차 례

Lesson 01	自己紹介と家族紹介 자신과 가족 소개	9
Lesson 02	一日の生活 하루 일과	17
Lesson 03	好き嫌い 좋고 싫음	25
Lesson 04	将来の夢・希望 장래 희망	33
Lesson 05	体験 체험	41
Lesson 06	正月 설	49
Lesson 07	初恋 첫사랑	57
Lesson 08	番組 TV 프로그램	65
Lesson 09	道案内 길 안내	73
Lesson 10	デート・散歩 데이트·산책	81
Lesson 11	ショッピング 쇼핑	89
Lesson 12	学生時代 학창시절	97
Lesson 13	飲み会・食事会 회식	105
Lesson 14	約束 약속	113
Lesson 15	娯楽 오락	121
Lesson 16	失敗談 실수담	129
Lesson 17	ケンカ 다툼	137
Lesson 18	パソコンとインターネット 컴퓨터와 인터넷	145
Lesson 19	語学 어학	153
Lesson 20	ビジネス 비즈니스	161

LESSON 01

학습목표
자신과 가족 소개하기

自己紹介と家族紹介

1. 今住んでいる所は東京で、独り暮らしをしています。
2. 趣味は写真を撮ることと、プラモデルを作ることです。
3. 私の性格は？と言いますと、明朗活発だと思っています。
4. 高橋さんと10歳も離れているんですか。
5. そういうことになりますね。

DIALOGUE 1

🧑 みなさん。はじめまして。高橋豊と申します。

今年27歳で、自営業をしています。

今住んでいる所は東京の世田谷区で、

独り暮らしをしています。まだ独身です。

趣味は写真を撮ることと、プラモデルを作ることで、

特技はアンマ・マッサージです。

肩が凝っている方はいつでも僕に言ってください。

それから、得意なスポーツはサーフィンです。

最後に僕の性格は？と言いますと、

明朗活発だと思っています。

どうぞ、よろしくお願い致します。

단어　自営業じえいぎょう 자영업 | 独ひとり暮ぐらし 혼자 삶 | 独身どくしん 미혼 | プラモデル 프라모델 | 特技とくぎ 특기 | 肩かたが凝こる 어깨가 뻐근하다 | 得意とくい 자신 있고 잘함 | 最後さいご 최후, 마지막 | 性格せいかく 성격 | 明朗活発めいろうかっぱつ 명랑하고 활발함 | 致いたす "する"의 겸양어

EXERCISE

1

今住んでいるところは江南（カンナムク）区で、独り暮らしをしています。

1. 新村洞（シンチョンドン）、両親と一緒に暮らす
2. 京幾道（キョンギド）の一山区（イルサンク）、一人でアパート暮らしをする
3. 東大門区（トンデムンク）、社宅暮らしをする
4. 大田（テジョン）、学校の寮に住む
5. 東京、下宿する
6. 大阪、自炊する

2

私の趣味は映画を見ることで、特技は和食作りです。

1. 音楽を聞く、手品
2. ゲームをする、ピアノ
3. 切手を集める、早起き
4. ドライブする、英会話
5. 野球を観戦する、歌を歌うこと
6. 釣りをする、空手

3

私の性格は？と言いますと、明るい性格です。

1. 年齢、30歳
2. 職業、警察
3. 性格、静かな性格

단어　寮 りょう 기숙사 ｜ 下宿 げしゅく 하숙 ｜ 自炊 じすい 자취 ｜ 和食 わしょく 일식 ｜ 手品 てじな 마술 ｜ 集 あつめる 모으다 ｜ 早起 はやおき 일찍 일어남 ｜ 英会話 えいかいわ 영어 회화 ｜ 観戦 かんせん 관전 ｜ 空手 からて 가라테 ｜ 明 あかるい 밝다, 명랑하다 ｜ 職業 しょくぎょう 직업

DIALOGUE 2

- 高橋さんのご家族は何人ですか。
- 僕の家族ですか。去年父が亡くなったので、今は母と兄と妹と僕の四人家族です。
- あ、そうだったんですか。
  それじゃ、お母さんは働いていらっしゃるんですか。
- はい、近所のスーパーでパートで働いています。
- あー、それは大変ですね。
  お兄さんと妹さんはもう独立しているんですか。
- 兄はもう就職して東京で独り暮らしをしていて、妹はまだ高校2年生ですよ。
- それじゃ、高橋さんと10歳も離れているんですか。
- まあ、そういうことになりますね。

단어　ご家族 かぞく 가족의 높임말 | 亡 なくなる 돌아가시다 | 近所 きんじょ 근처 | パート 파트타임 | 独立 どくりつ 독립 | 就職 しゅうしょく 취직 | 離 はなれる 차이가 나다

1

A: ご家族は何人ですか。
B: 父と母と弟と私の四人家族です。

> 1. 両親、私、三人家族
> 2. 父、母、姉、私、四人家族
> 3. 親、姉二人、私、五人家族

2

A: お兄さんは働いているんですか。
B: はい、兄は東京の商社で働いています。

> 1. お父さん / いいえ、父、2年前に定年退職した
> 2. 弟さん / いいえ、弟、まだ大学生だ
> 3. 妹さん / はい、妹、フリーターをしている

3

A: 奥さんはおいくつなんですか。
B: 家内は今年23です。
A: じゃ、8歳離れているんですね。
B: まあ、そういうことになりますね。

> 1. 弟さん / 弟、13 / 14歳
> 2. 彼女 / 彼女、22 / 5歳
> 3. 一番上のお姉さん / 一番上の姉、42 / 17歳

단어　商社 しょうしゃ 상사 ｜ 定年退職 ていねんたいしょく 정년퇴직 ｜ フリーター 프리터 ｜ 一番上 いちばんうえ 맨 위

1 しています

「しています」는 단순한 진행형만 나타내는 게 아니라 자기 직업을 말할 때에도 쓰인다.

> 예 A: 弟さんは何をしているんですか。
> B: 弟は教師をしています。

2 独り暮らし

「独り暮らし」는 사전적 의미로 '독신 생활', '혼자 삶'을 뜻하지만, 실제 회화에서는 '혼자 삶'이란 뜻이 강하다. 즉 기혼자라도 가족과 떨어져서 사는 경우 「独り暮らし」라고 할 수 있다.

3 こと

자기 취미를 말할 때에는 「こと」 대신에 「の」를 쓰지 않도록 한다.

> 예 私の趣味は映画を見るのです。(×)

4 亡くなる

「亡くなる」는 「死ぬ」의 완곡한 표현이다.

5 就職

일상 회화에서는 「就業(しゅうぎょう)」라는 말보다 「就職」가 훨씬 많이 쓰인다.

6 そういうことになりますね

모든 이야기를 종합해 보면 이런 결과가 된다는 뜻으로 '그런 셈이네요'라고 할 때 쓰이는 표현이다.

> 예 A: 息子さんは今大学何年生ですか。
> B: うちの息子は今大学三年生です。
> A: じゃ、まだもう一年残っているんですね。
> B: そういうことになりますね。

FREE TALKING

다음 질문을 하고 상대방의 대답을 적어 보세요.

- 自己紹介をしてください。
- 家族の紹介をしてください。
- 俳優やタレント、歌手などの紹介をしてみましょう。
- あなたはどんな性格ですか。

VOCABULARY

職種 しょくしゅ	직종	
サービス業 ぎょう	서비스업	
正社員 せいしゃいん	정사원	
契約社員 けいやくしゃいん	계약직 사원	
入社 にゅうしゃ	입사	
退職 たいしょく	퇴직	
バイト	아르바이트	
フリーター	프리터	
無職 むしょく	무직	
軍人 ぐんじん	군인	
警察官 けいさつかん	경찰관	
消防官 しょうぼうかん	소방관	
大工 だいく	목수	
通訳 つうやく	통역(가)	

翻訳家 ほんやくか	번역가
弁護士 べんごし	변호사
教員 きょういん	교원
スチュワーデス	스튜어디스
講師 こうし	강사
兄弟姉妹 きょうだいしまい	형제자매
年子 としご	연년생
一人っ子 ひとりっこ	외동
親子 おやこ	부모와 자식
双子 ふたご	쌍둥이
末っ子 すえっこ	막내

KANJI

夕 저녁 석
- 음 せき 훈 ゆう
- 夕ゆうご飯はん 저녁밥　夕方ゆうがた 저녁

工 장인 공
- 음 く・こう 훈 ―
- 工夫くふう 궁리　細工さいく 세공　工業こうぎょう 공업　工場こうじょう 공장

犬 개 견
- 음 けん 훈 いぬ
- 愛犬あいけん 애견

不 아닐 불
- 음 ふ 훈 ―
- 不親切ふしんせつ 불친절함　不便ふべん 불편

文 글월 문
- 음 ぶん・もん 훈 ふみ
- 作文さくぶん 작문　文章ぶんしょう 문장

LESSON 02

학습목표
하루 일과에 관해 이야기하기

一日の生活

1. お昼は外で食べたらいいんじゃないですか。
2. でも朝、頭を洗わなければいけないから。
3. 朝洗わないと気持ち悪いんですよ。
4. 大変そうですね。
5. 留学している人はみんなそうしているようですよ。
6. モスバーガーならよく知っていますよ。

DIALOGUE 1

- 高橋さんは毎日、何時起きですか。
- 僕は毎日、5時起きですよ。
- え〜、どうしてそんなに早いんですか。
- お弁当作ったり、シャワー浴びたりで朝は忙しいんですよ。
- お昼は外で食べたらいいんじゃないですか。
- それが、社内の雰囲気が外で食べる雰囲気じゃないんですよ。
- それならシャワーだけでも夜にしたらどうですか。
- でも朝、頭を洗わなければいけないから。
- え？ どうして？
- 朝洗わないと気持ち悪いんですよ。

단어 お弁当べんとう 도시락 | シャワーを浴あびる 샤워를 하다 | 社内しゃない 사내 | 雰囲気ふんいき 분위기 | 頭あたまを洗あらう 머리를 감다 | 気持きもち悪わるい 찝찝하다, 징그럽다, 기분이 나쁘다

1

A: どうして山登りに行かないんですか。

B: 宿題したり、実家に帰ったりで忙しいんですよ。

1. 飲み会 / 残業する、用事を足す
2. 昼ごはんを食べる
   / 郵便局に行って手紙を出す、銀行に行ってお金をおろす
3. 大学祭 / 留学の書類を書く、飛行機代を払いに行く

2

A: 最近3キロも太ったんですよ。

B: それなら、ダイエットをしたらいいんじゃないですか。

1. 英会話が上手になりたい / 英会話教室に通う
2. 最近車の調子が悪い / 一度点検してもらう
3. ストレスがたまっている / ストレス解消のために旅行にでも行く

3

A: 毎日お風呂に入らなければいけないんですよ。

B: え？ どうして？

A: 毎日お風呂に入らないと気持ち悪いんですよ。

1. 毎日私が子供を寝かせる / 私がいる、子供が寝ない
2. 毎週実家に帰る / 毎週帰る、母親が怒る
3. 毎日残業する / 毎日残業する、仕事が終わらない

단어 | 実家じっか 친정 | 手紙てがみを出だす 편지를 부치다 | お金かねをおろす 돈을 찾다 | 大学祭だいがくさい 대학 축제 | 書類しょるい 서류 | 飛行機代ひこうきだい 비행기 요금 | 払はらう 지불하다 | 太ふとる 살이 찌다 | ダイエット 다이어트 | 英会話教室えいかいわきょうしつ 영어 회화 교실 | 通かよう 다니다 | 調子ちょうし 상태 | 点検てんけん 점검 | たまる 쌓이다 | 解消かいしょう 해소 | 寝ねかせる 재우다 | 怒おこる 화내다

DIALOGUE 2

- 姜さんは大学の授業が終わったら普通何をするんですか。
- そうですね。授業が終わったらたいていバイトに行きます。
- どんなバイトをしているんですか。
- 焼き肉屋とかレストランとかモスバーガーとかでしています。
- そんなにたくさんしているんですか。
- そうなんです。学費を払っていくにはお金がかかりますから。
- そうなんですか。大変そうですね。
- でも、留学している人はみんなそうしているようですよ。
- モスバーガーならよく知っていますよ。
  僕も昔そこでバイトしていましたから。
- え？ そうなんですか。共通点ができてうれしいです。

단어　普通 ふつう 보통 ｜ たいてい 대개, 대강, 대체로 ｜ 焼やき肉屋にくや 고깃집 ｜ モスバーガー 모스버거(일본의 햄버거 체인점) ｜ 学費 がくひ 학비 ｜ 払はらう 지불하다, 내다 ｜ 留学 りゅうがく 유학 ｜ 共通点 きょうつうてん 공통점 ｜ できる 생기다

EXERCISE

1

A: 彼の車、かっこいいですね。

B: そうですね。とても高そうですね。

1. 金さん、よく飲む / 強い
2. 朴さん、背が高くてきれいだ / もてる
3. 佐藤さん、最近顔色がいい / 元気だ

2

A: 道がぬれていますね。

B: そうですね。雨が降ったようですね。

1. サユリちゃんが泣いている / 先生にしかられた
2. 非常ベルが鳴り出した / 火事が起こった
3. 花火の音が聞こえる / どこかで祭りをしている

3

A: ちょっと買い物に行ってきます。

B: 買い物に行くならパンを買ってきてください。

1. 図書館に行ってくる / 図書館に行く、この本を返す
2. のどが乾いた / のどが乾いた、何か飲み物でも飲む
3. 疲れた / 疲れた、休憩する

단어　かっこいい 멋있다, 멋지다 | 顔色かおいろ 안색 | しかられる 야단맞다 | 非常ひじょうベル 비상벨 | 鳴なり出だす 울리기 시작하다 | 火事かじ 화재 | 花火はなび 불꽃놀이 | 祭まつり 축제 | 返かえす 돌려주다 | 乾かわく 마르다 | 休憩きゅうけい 휴식

PHRASE

1 ～と

가정형 「と」는 앞의 사항이 일어나면 뒤의 사항이 반드시 뒤따라 일어난다는 조건을 나타내며, 주로 자연현상, 진리, 사실 등을 말할 때 쓴다.

> 예 春になると花が咲きます。
> まっすぐ行くと右側に郵便局があります。

2 ～そう

「そうだ」 앞에 형용사가 올 때는 눈에 보이는 인상으로 그 대상의 성질을 짐작하는 뜻으로 쓰인다.

> 예 このジャンバーは高そうです。
> 田中さんは元気そうです。

한편, 앞에 동사가 올 때는 '그 상황에 이르기 일보 직전 상태'나 '느낌상 그럴 것 같다'는 뜻으로 쓰인다.

> 예 今年の夏は暑くなりそうです。
> かばんが落ちそうです。

3 ～よう

「ようだ」는 보거나 들어서 얻은 정보를 바탕으로 판단할 때 쓰이며, 회화에서는 「みたいだ」도 같은 뜻으로 쓰인다.

> 예 (밖에서 구급차 소리가 들려서) 事故でもあったようですね。
> (상대방 얼굴이 빨간 것을 보고) 田中さん、お酒を飲んできたようですね。

한편, 「ようだ」에는 '비유'의 용법도 있다.

> 예 田中さんは赤ちゃんのような肌をしています。
> 今日の寒さはまるで冬のようです。

4 ～なら

가정형 「なら」의 용법은 상대방의 말을 듣고 그것을 바탕으로 한 가정을 나타낼 때 쓰인다.

> 예 A: 明日、日本に行くんです。
> B: 日本に行くなら日本の雑誌を買ってきて。

FREE TALKING

다음 질문을 하고 상대방의 대답을 적어 보세요.

- あなたの昨日の一日について話してください。
- 昨日の昼ごはんはどこでだれとどんなものを食べたのか話してください。
- あなたはアルバイトをしたことがありますか。
- あなたが今もしアルバイトをするならどんなアルバイトがしてみたいですか。

VOCABULARY

□ ご飯はんを炊たく	밥을 짓다	□ 予習よしゅう	예습
□ 用ようを足たす	볼일을 보다	□ 復習ふくしゅう	복습
□ 支度したく	채비, 준비	□ 暗記あんき	암기
□ 着替きがえる	갈아입다	□ 時間割じかんわり	시간표
□ 歯はを磨みがく	이를 닦다	□ 試験しけんを受うける	시험을 보다
□ 顔かおを洗あらう	세수를 하다		
□ 洗濯物せんたくものを干ほす	빨래를 널다	□ 出勤しゅっきん	출근
□ アイロンをかける	다림질을 하다	□ 出社しゅっしゃ	출근
□ お弁当べんとうを包つつむ	도시락을 싸다	□ 退勤たいきん	퇴근
		□ 退社たいしゃ	퇴근, 퇴사
□ 通学つうがく	통학	□ 勤務きんむ	근무
□ 登校とうこう	등교	□ 休憩時間きゅうけいじかん	휴식 시간
□ 下校げこう	하교		
□ 無断欠席むだんけっせき	무단결석		
□ 遅刻ちこく	지각		

| 牛
소 우 | 음 ぎゅう 훈 うし
牛肉 ぎゅうにく 소고기 牛乳 ぎゅうにゅう 우유 |

| 元
으뜸 원 | 음 がん・げん 훈 もと
元来 がんらい 원래 元気 げんき 건강, 기운 元々 もともと 원래 |

| 太
클 태 | 음 たい 훈 ふと(い)
太平洋 たいへいよう 태평양 太陽 たいよう 태양 |

| 去
갈 거 | 음 きょ・こ 훈 さ(る)
去年 きょねん 작년 |

| 広
넓을 광 | 음 こう 훈 ひろ(い)
広 ひろい 넓다 広場 ひろば 광장 |

LESSON 03

うきうき にほんご

학습목표
좋고 싫음에 관해 이야기하기

好き嫌い

주요문형 1　毎日肉を食べてばかりいると体に悪いですよ。

주요문형 2　生の野菜も食べた方がいいですよ。

주요문형 3　野菜は作り方によっておいしく食べられますから。

주요문형 4　人の好き嫌いは別にないと思います。

주요문형 5　外見ならあるかも。

주요문형 6　言われてみればそうですね。

DIALOGUE 1

- 姜さんは食べ物の好き嫌いがありますか。
- はい。あります。野菜が好きじゃないんですよ。
- え？野菜が好きじゃないんですか。
  じゃ、肉類が好きだということですね。
- そうなんです。毎日肉ばかりですよ。
- でも、毎日肉を食べてばかりいると体に悪いですよ。
- 大丈夫ですよ。毎日ビタミン剤を飲んでいますから。
- ビタミン剤だけではだめですよ。
  生の野菜も食べた方がいいですよ。
- それもそうですね。今日から野菜に挑戦してみます。
- それがいいですよ。野菜は作り方によって
  おいしく食べられますから。

단어 好すき嫌きらい 좋고 싫음 | 野菜やさい 야채 | 肉類にくるい 육류 | ビタミン剤ざい 비타민제 | 生なま 생, 날것 | 挑戦ちょうせん 도전 | ～によって ～에 따라서

1

A: あまりタバコを吸ってばかりいると上司に怒られますよ。
B: そうですね。今後気をつけます。

1. お酒を飲む、アルコール中毒になる
2. テレビを見る、目が悪くなる
3. 甘いものを食べる、虫歯になる

2

A: 最近、夜、寝られないんですよ。
B: 夜7時過ぎにコーヒーは飲まない方がいいですよ。

1. 頭痛がする / 頭痛薬を飲む
2. 妹と仲が悪い / でもケンカはしない
3. ストレスがたまっている / ストレスはためない

3

A: この問題、どうやって解けばいいんですか。
B: この問題の解き方、教えますよ。

1. この辞書、使う
2. この入れ物、開ける
3. 日本語、勉強する

단어　上司じょうし 상사 ｜ 怒おこられる 혼나다 ｜ 今後こんご 앞으로 ｜ アルコール中毒ちゅうどく 알코올 의존증 ｜ 虫歯むしばになる 충치가 생기다 ｜ 頭痛ずつう 두통 ｜ 頭痛薬ずつうやく 두통약 ｜ 仲なか 사이 ｜ ケンカ 싸움 ｜ ストレスがたまる 스트레스가 쌓이다 ｜ ストレスをためる 스트레스를 쌓다 ｜ 解とく 풀다 ｜ 入いれ物もの 용기, 그릇 ｜ 開あける 열다

DIALOGUE 2

🙍‍♀️ 高橋さんは人の好き嫌いがありますか。

🙍‍♂️ もちろんありますよ。人間ですから。
僕は嘘をついたり、強情な人は大嫌いですね。姜さんは？

🙍‍♀️ 私は人の好き嫌いは別にないと思います。人の良いところだけを見ていれば嫌いな点はあまり気にならないですね。

🙍‍♂️ え？ じゃ、姜さんは外見もあまり気になったことはないですか。

🙍‍♀️ うーん、外見ならあるかも。背が低いと嫌だし、短足も嫌だし、お腹が出ている人も嫌だし。

🙍‍♂️ 結局、好き嫌いがはっきりしているじゃないですか。

🙍‍♀️ ハハハ。言われてみればそうですね。

단어　人間にんげん 인간 | 嘘うそをつく 거짓말을 하다 | 強情ごうじょう 고집이 셈, 완강함 | 別べつに 별로 | ところ 곳, 점 | 点てん 점 | 気きになる 신경 쓰이다, 걱정되다, 궁금하다 | 外見がいけん 외모 | 短足たんそく 짧은 다리 | お腹なか 배 | 結局けっきょく 결국

1

A: 朴さんは人の好き嫌いがありますか。

B: もちろんありますよ。人の悪口を言ったり、すぐ大声を出したり、怒ったりする人は大嫌いですね。

> 1. 仕事がいい加減だ、性格が暗い、いじわるだ
> 2. 人をけなす、無神経だ、心が狭い
> 3. 酒癖がある、約束を守らない、責任感がない

2

A: 田中さんは自分の将来のこと、気になったことはないですか。

B: そりゃありますよ。
仕事も心配だし、住む家も心配だし、老後も心配だし。

> 1. 自分の健康 / 血圧も高い、風邪もよく引く、胃も悪い
> 2. 大学入試 / 成績もよくない、学費も高い、就職難だ
> 3. 国の未来 / 物価も高くなっている、つぶれる会社も多い、失業者も多い

3

A: 最近の田中さん、やせたと思いませんか。

B: 言われてみれば、最近の田中さん、昔よりやせましたね。

> 1. 金さん、元気がない
> 2. 歌手、歌がうまくなった
> 3. 高校生、背が高くなった

단어　悪口わるぐちを言いう 욕을 하다 | 大声おおごえを出だす 큰 소리를 내다 | いい加減かげんだ 무책임하다 | いじわるだ 심술궂다 | けなす 비방하다 | 無神経むしんけいだ 무신경하다 | 酒癖さけぐせ 주사 | 約束やくそくを守まもる 약속을 지키다 | 責任感せきにんかん 책임감 | 将来しょうらい 장래 | 老後ろうご 노후 | 血圧けつあつ 혈압 | 胃い 위 | 入試にゅうし 입시 | 成績せいせき 성적 | 就職難しゅうしょくなん 취업난 | 未来みらい 미래 | 物価ぶっか 물가 | つぶれる 망하다 | 失業者しつぎょうしゃ 실업자 | やせる 살 빠지다 | 元気げんき 기운

PHRASE

1 〜ばかり

「〜ばかり」는 어떤 행동을 줄곧 하고 있음을 나타내며, 「동사 て형＋ばかりいる」 형태로 쓰일 경우에는 「ばかり」 대신에 「だけ」로 바꿀 수 없다.

예 毎日スナック菓子を食べてばかりいると太りますよ。
　　妹は勉強もしないで遊んでばかりいます。

2 作(つく)り方(かた)

「동사 ます형＋方」 형태로, 어떤 행동의 방법을 나타내며 명사형으로 쓰인다.

예 車の運転のし方がわかりません。(○)
　　車の運転をし方がわかりません。(×)

3 別(べつ)に

「別に」는 '별로, 그다지'의 뜻으로 뒤에 부정형이 온다. 단, '별로 좋지 않다'라는 뜻으로 단독으로 '별로다'라고 할 때에는 「別に」만 쓸 수 없다. 이때는 「今一(いまいち)」를 쓴다.

예 A：今度出た映画はどうでしたか。
　　B：今一でした。
　　この服はデザインが今一です。
cf. A：何か言いましたか。
　　B：いいえ、別に。

4 〜かも

본문의 「〜かも」는 「〜かも知れない」의 축약형으로 회화에서 자주 쓰이는 표현이다.

예 もしかしたら今日、雪が降るかも。
　　へたすると今日、残業があるかも。

5 言(い)われてみれば

「言われてみれば」는 상대방의 말을 들어보니 동의하거나 공감할 수 있다는 뜻으로 쓰인다.

예 A：最近の田中さん、きれいになったと思いませんか。
　　B：そうですね。言われてみれば前よりきれいになったかも知れませんね。

FREE TALKING

다음 질문을 하고 상대방의 대답을 적어 보세요.

- あなたは食べ物の好き嫌いがありますか。
- あなたは野菜をよく食べる方ですか、肉をよく食べる方ですか。
- あなたはどんな人が好きで、どんな人が嫌いですか。
- あなたは人の外見のどんなところが気になりますか。

VOCABULARY

塩辛しおからい	짜다	厳きびしい	엄하다
辛からい	맵다	外向的がいこうてき	외향적
甘あまい	달다	内向的ないこうてき	내성적
苦にがい	쓰다	正直しょうじき	정직함
酸すっぱい	시다	勤勉きんべん	부지런함
生臭なまぐさい	비린내가 나다		
渋しぶい	떫다	おかずを残のこす	반찬을 남기다
固かたい	딱딱하다, 질기다	味見あじみする	맛을 보다
柔やわらかい	부드럽다	口くちに合あう	입에 맞다
		食欲しょくよくがない	식욕이 없다
性格せいかく	성격	気きに入いる	마음에 들다
思おもいやり	배려심	気きを使つかう	신경을 쓰다
明あかるい	밝다, 명랑하다		
暗くらい	어둡다		
優やさしい	상냥하다, 자상하다		

KANJI

台 대 대
- 음 たい・だい　훈 ―
- 台風 たいふう 태풍　台所 だいどころ 부엌

区 구분할 구
- 음 く　훈 ―
- 区分 くぶん 구분　区別 くべつ 구별

代 대신할 대
- 음 (たい)・だい　훈 か(わる)
- 時代 じだい 시대　電話代 でんわだい 전화비

冬 겨울 동
- 음 とう　훈 ふゆ
- 冬服 ふゆふく 겨울옷　冬休 ふゆやすみ 겨울방학

民 백성 민
- 음 みん　훈 (たみ)
- 民間 みんかん 민간　市民 しみん 시민

LESSON 04

학습목표
장래 희망과 꿈에 대해 이야기하기

将来の夢・希望

주요문형 1 小さいながらもお金持ちになれると思っていたんです。

주요문형 2 子供は子供らしい夢を持て。

주요문형 3 ただのサラリーマンになろうとは思うな。

주요문형 4 35才までに自分の実力を試してみたいです。

주요문형 5 まだ独身なのにもう子供のことまで考えているんですか。

DIALOGUE 1

- 姜さんは小さい頃、何になりたかったんですか。
- 私は歯医者さんになりたいと思ったことがありましたよ。
- どうして歯医者さんになりたかったんですか。
- 小さいながらもお金持ちになれると思っていたんです。
- へー、そうなんですか。うちは父が「子供は子供らしい夢を持て。ただのサラリーマンになろうとは思うな。」といつも言っていたので、小さい頃はケーキ屋になりたいと思っていました。
- 子供らしいかわいい夢ですね。
  でも、夢と現実は違いますよね。
- そうですよね。
  結局、僕もサラリーマンになってしまいましたよ。

단어   歯医者はいしゃさん 치과 의사, 치과 의원 | お金かね持もち 부자 | 夢ゆめ 꿈 | ただ 그냥, 단, 그저 | サラリーマン 샐러리맨 ケーキ屋や 케이크 가게 | かわいい 귀엽다 | 現実げんじつ 현실

1

A: どうして先週の出張に行かなかったんですか。
B: 急に体の調子が悪くなったんです。

1. 昨日欠勤した / おとといの夜、母が入院した
2. 会社までタクシーで来た / 昨日足をけがした
3. 会社をやめた / もっと条件のいい会社が見つかった

2

A: 田中社長が明日の朝、電話を入れろと言っていました。
B: そうですか。明日の朝、電話を入れればいいんですね。

1. 高橋部長、このファックスを午後3時までにA社に送る
2. 鈴木課長、この書類を10枚ずつコピー取る
3. 佐藤係長、急ぐからタクシーに乗って行く

3

父が危ない場所には行くなといつも言います。

1. 母、うそは絶対つく
2. 先生、掃除を怠ける
3. 社長、ライバル会社には負ける

단어　出張しゅっちょう 출장 | 急きゅうに 갑자기 | 欠勤けっきん 결근 | 入院にゅういん 입원 | けがをする 다치다 | 条件じょうけん 조건 | 見みつかる 발견되다 | 社長しゃちょう 사장님 | 部長ぶちょう 부장님 | 送おくる 보내다 | 課長かちょう 과장님 | 書類しょるい 서류 | コピーを取とる 복사를 하다 | 係長かかりちょう 대리 | 急いそぐ 서두르다 | 危あぶない 위험하다 | 場所ばしょ 장소 | 掃除そうじ 청소 | 怠なまける 게을리하다 | 負まける 지다

DIALOGUE 2

- 高橋さんの将来の希望は何ですか。
- うーん、もっと英語を勉強して35才までに国際舞台で自分の実力を試してみたいですね。
- どうして35才なんですか。
- 年を取るともう体力もないだろうし、子供もいるだろうから何日も家を空けたくないし。
- わー、高橋さん、まだ独身なのにもう子供のことまで考えているんですか。
- ちょっと考えが早かったかな？ 姜さんの将来の希望は？
- 私は一生懸命働いて、お金をためて、50以上になったら田舎に家を建てたいんです。

단어 　希望きぼう 희망 ｜ もっと 더, 더욱 ｜ 国際こくさい 국제 ｜ 舞台ぶたい 무대 ｜ 実力じつりょく 실력 ｜ 試ためす 시험하다 ｜ 年としを取とる 나이를 먹다 ｜ 体力たいりょく 체력 ｜ 空あける 비우다 ｜ 田舎いなか 시골 ｜ 建たてる (건물 등을) 짓다, 세우다

EXERCISE

1

A: 佐藤さんは何時までに出勤しなければならないんですか。
B: 私は朝8時までに出勤しなければならないんですよ。

1. レポート、何曜日、提出する / 今週の水曜日
2. 報告書、いつ、書く / 明日の朝
3. 鈴木さん、何月、東京に引っ越しする / 今年の4月

2

今週の日曜日は雨も降るだろうし、道も混むだろうから出掛けないつもりです。

1. 今年の夏休み、暑い、宿題も多い、毎日図書館に行く
2. 来年のお正月、両親も来る、親戚も遊びに来る、一緒に温泉にでも行く
3. 老後、お金に余裕もない、体も弱くなっている、今から一生懸命お金をためる

3

A: 昨日、お酒を飲みすぎてしまいましたよ。
B: え？ 風邪気味なのにお酒を飲んだんですか。

1. 最近、お腹が出てきた / まだ20代だ
2. おととい、終電に乗り遅れた / 飲み会が早く終わった
3. 今日、学校に遅刻した / 学校が近い

단어 提出ていしゅつ 제출 | 報告書ほうこくしょ 보고서 | 引ひっ越こしする 이사하다 | 道みち 길 | 混こむ 붐비다, 혼잡하다 | 出掛でかける 외출하다 | お正月しょうがつ 정월 | 親戚しんせき 친척 | 温泉おんせん 온천 | 余裕よゆう 여유 | ためる 모으다 | ～すぎる 지나치게 ～하다, 너무 ～하다 | 風邪気味かぜぎみ 감기 기운이 있다 | 終電しゅうでん 막차 | 乗のり遅おくれる (차, 배 등을) 놓치다 | 遅刻ちこく 지각

PHRASE

1 〜ながら

「〜ながら」에는 '동시 진행'을 나타내는 용법과 '역접'을 나타내는 용법이 있다.

- 예　私は毎朝テレビを見ながらご飯を食べます。(동시 진행)
　　　近所のたかし君は小学生ながら英語がうまい。(역접)

2 명령형

본문에 나오는「持て」,「思うな」는 명령의 의미를 지닌 인용문에서 쓰였다. 일반 회화에서는 격식을 차릴 필요가 없는 친한 사이에서만 쓰이기 때문에 주의해야 한다.

- 예　先生が来週の月曜日までにレポートを提出しろと言っていました。
　　　医者がお酒を飲むなと言っていました。

3 〜までに

「〜まで」는 상태가 계속됨을 나타내지만,「〜までに」는 어떤 동작을 하는 기한을 나타낸다.

- 예　１時までにここに戻ってきて下さい。
　　　先生が来るまでに宿題を終わらせましょう。

4 〜だろう

「〜だろう」는 '〜일 것이다'와 같이 추량의 뜻이 있으며, 공손한 표현은「〜でしょう」이다. 뒤에「〜と思う」를 접속하여「だろうと思う」라고는 쓸 수 있으나,「でしょうと思う」라고는 쓰지 못한다.

- 예　明日は晴れるだろうと思います。
　　　彼はたぶん来ないだろう。

5 〜のに

「〜のに」는 역접을 나타내는 접속조사인데, 주로 사실을 이야기할 때 쓰며, 대부분 놀라움이나 불만을 표시할 때 쓰는 조사이다.

- 예　彼女は会う約束をしたのに来なかった。
　　　田中さんはアメリカに３年住んだのに英語が下手だ。

FREE TALKING

다음 질문을 하고 상대방의 대답을 적어 보세요.

- あなたは小さい頃、何になりたかったですか。また、どうしてですか。
- あなたは今、夢を持っていますか。
- 自分の夢を実現させるために何が必要ですか。
- あなたは夢を実現させるためにどんな努力をしていますか。

VOCABULARY

夢ゆめを見みる	꿈꾸다
夢ゆめを持もつ	꿈을 갖다
夢ゆめを抱いだく	꿈을 안다
生うまれる	태어나다
消きえる	사라지다
安定あんていする	안정되다
マイホームを持もつ	내 집을 갖다
家庭かていを作つくる	가정을 만들다
子供こどもを育そだてる	아이를 키우다
予想よそうする	예상하다
予測よそくする	예측하다
努力どりょくする	노력하다
未来みらい	미래
現在げんざい	현재

過去かこ	과거
能力のうりょく	능력
年俸ねんぽう	연봉
給料きゅうりょう	급여
資格しかく	자격(증)
将来しょうらいが明あかるい	장래가 밝다
将来しょうらいが暗くらい	장래가 어둡다
厳きびしい	엄격하다, 엄하다 냉엄하다
楽らく	편하다, 편안하다, 안락하다
不安定ふあんてい	불안정함
理想的りそうてき	이상적

04 将来の夢・希望

KANJI

引 끌 인
- 음 いん　훈 ひ(く)
- 引退 いんたい 은퇴　引用 いんよう 인용

方 모 방
- 음 ほう　훈 かた
- 見方 みかた 보는 방법, 견해　夕方 ゆうがた 저녁

仕 벼슬 사
- 음 し・じ　훈 つか(える)
- 仕上 しあげ 마무리　仕事 しごと 일, 업무

心 마음 심
- 음 しん　훈 こころ
- 安心 あんしん 안심　心配 しんぱい 걱정

公 공평할 공
- 음 こう　훈 おおやけ
- 公園 こうえん 공원　公務員 こうむいん 공무원

LESSON 05

학습목표
체험에 관해 이야기하기

うきうき にほんご

体験

1. 「フィットネスクラブ」のことですか。
2. 高橋さんの手からいい匂いがします。
3. 飛行機は天候によって揺れることがあります。
4. 飛行機に乗らないことにしているんです。
5. 新幹線で東京まで行くようにしているんです。

DIALOGUE 1

- 高橋さんは「ヘルス」に行ったことがありますか。
- え？「ヘルス」？
  姜さん、またどうして変なことを聞くんですか。
- 変って。高橋さんは体力をつけたり、体を鍛えたりしないんですか。
- それって、「フィットネスクラブ」のことを言っているんじゃないですか。
- あー、日本では「ヘルス」って言わないんですか。
- 「ヘルス」という所は日本では違う意味を表すから、気をつけないと誤解を受けますよ。
- あー、そうですか。これからは気をつけます。
  ところで、高橋さんの手からいい匂いがするんですけど、何かスキンを使っているんですか。
- スキン？ 姜さん、それも
  「スキン」よりローションと
  言った方がいいと思いますよ。(笑)

단어 変へん 이상함 | つける 붙이다 | 体からだ 몸 | 鍛きたえる 단련하다 | フィットネスクラブ 헬스클럽 | 表あらわす 나타내다 | 気きをつける 조심하다 | 誤解ごかい 오해 | 受うける 받다 | 手て 손 | 匂におい 냄새

1

A: 日本のラーメンを食べたことがありますか。
B: はい、一度だけ食べたことがあります。

> 1. 遊覧船に乗る / はい、半年前に乗ったことがある
> 2. 兄弟ゲンカをする / いいえ、今まで一度もない
> 3. テストで百点を取る / いいえ、全然ない

2

A: 田中さんは「온돌(オンドル)」という言葉を知っていますか。
B: あー、日本語で言えば「床暖房」のことですね。

> 1. ティギム / てんぷら
> 2. ダッチペイ / 割り勘
> 3. シダバリ / 下っ端

3

A: 店の中からいい香りがしますね。
B: そうですね。おいしそうな香りがしますね。

> 1. 屋上から、あやしい音 / 奇妙な音
> 2. この果物は、すっぱい味 / レモンのような味
> 3. このジャンバーは、ちょっと小さい感じ
>   / 少しきつそうな感じ

단어 遊覧船ゆうらんせん 유람선 | 半年前はんとしまえ 반년 전 | 兄弟きょうだいゲンカ 형제끼리 싸움 | 百点ひゃくてんを取とる 백점을 맞다 | 全然ぜんぜん 전혀 | 床暖房ゆかだんぼう 한국의 온돌과 비슷한 난방 방식 | 割わり勘かん 더치페이 | 下したっ端ぱ 신분이나 지위가 낮은 사람 | 香かおり 향기 | 屋上おくじょう 옥상 | あやしい 수상하다 | 音おと 소리 | 果物くだもの 과일 | すっぱい 시다 | 味あじ 맛 | 感かんじ 느낌 | きつい 꼭 끼다

DIALOGUE 2

🧑 姜さんは何か怖い体験をしたことがありますか。

👩 ありますよ。4年前東京に行くために飛行機に乗ったんですが、途中で乱気流のため飛行機がものすごく揺れたんです。飛行機が落ちるかと思いましたよ。

🧑 飛行機は天候によって揺れることがありますからね。

👩 それからは絶対、飛行機に乗らないことにしているんです。

🧑 じゃ、東京まで行く時はどうしているんですか。

👩 その時はソウルから釜山までKTXで行って、釜山から大阪まで船で行って、それから新幹線で東京まで行くようにしているんです。

🧑 え? そんなことしていたら、お金も時間もかかるじゃないですか。

👩 でも命には換えられませんから。

단어　怖こわい 무섭다 ｜ 体験たいけん 체험 ｜ 途中とちゅう 도중 ｜ 乱気流らんきりゅう 난기류 ｜ ものすごい 끔찍하다, 굉장하다, 대단하다 ｜ 揺ゆれる 흔들리다 ｜ 落おちる 떨어지다 ｜ 天候てんこう 날씨, 기후 ｜ ～ことがある ～하는 경우가 있다 ｜ 船ふね 배 ｜ 新幹線しんかんせん 신칸센 ｜ 命いのち 목숨 ｜ 換かえる 바꾸다

EXERCISE

1

A: 韓国では家庭によって料理にカキやエビを使うこともあります。

B: そうですか。家庭によって料理にカキやエビを使うこともあるんですね。

1. 日本、人数、ホテルの宿泊料金が倍になる
2. アメリカ、州、法律が違う
3. 日本、地方、白味噌を使ったり赤味噌を使ったりする

2

A: 私は一週間に一度は家内と外食することにしています。

B: わー、一週間に一度は外食するんですか。うらやましいです。

1. 毎週実家に帰る
2. 一年に二回は海外旅行をする
3. 三年に一度は新車に変える

3

A: 私は毎朝ジョギングをするようにしています。

B: 毎朝ジョギングするのは大変じゃないですか。

1. 毎日一万歩以上歩く
2. 毎朝5時に起きる
3. 毎晩日記をつける

단어 カキ 굴 | エビ 새우 | 人数にんずう 인원 수 | 宿泊料金しゅくはくりょうきん 숙박료 | 倍ばい 배 | 法律ほうりつ 법률 | 地方ちほう 지방 | 白味噌しろみそ 하얀 된장 | 赤味噌あかみそ 붉은 된장 | 外食がいしょく 외식 | 実家じっか 부모가 사는 집 | 海外かいがい 해외 | 新車しんしゃ 새 차 | 変えるかえる 바꾸다 | 一万歩いちまんぽ 만보 | 日記にっきをつける 일기를 쓰다

PHRASE

1 変って

「な형용사 어간+って」는, 상대방이 '이상하다'고 말한 것에 대해 '이상하다니?'라고 반문하거나 놀람을 나타낼 때 사용한다.

예 A: この味噌汁、しょっぱいよ。

B: しょっぱいって、塩、少ししか入れていないわよ。

2 受ける

「受ける」는 '받다'라는 뜻으로 추상적인 영향을 받을 때 쓰며, 이때는 「もらう」를 쓸 수 없다. 「受ける」 앞에 접속되는 명사는 다음과 같다.

예 ・影響を受ける　・感動を受ける　・教育を受ける　・授業を受ける

3 ～がする

「감각 명사+がする」로 쓰며 어떤 느낌을 받았을 때 쓰는 표현이다.

예 ・味がする　・音がする　・匂いがする　・感じがする　・気がする

4 ～ことにしている

「동사 기본형+ことにする」는 '～하기로 하다'의 뜻으로 어떤 행위를 하겠다는 결심을 나타낸다. 본문처럼 「～ことにしている」라고 하면 그 행위를 하기로 하고 지금도 실천하고 있거나 마음이 계속 있다는 의미가 된다.

예 私は毎朝駅まで自転車に乗らないで歩いて行くことにしています。

私は来年カナダに留学することにしました。

5 ～ようにしている

「동사 기본형+ようにする」는 '～하도록 하다'라는 뜻으로 자기 자신의 의지로 그 상태가 되게끔 노력한다는 의미를 나타낸다.

예 私は肉類は食べないようにしています。

私は毎日12時前には寝るようにしています。

FREE TALKING

다음 질문을 하고 상대방의 대답을 적어 보세요.

◆ あなたは運動のためにお金を払ってどこかに通ったことがありますか。
◆ あなたは体を鍛えるために何かしていますか。
◆ あなたは過去に怖い体験をしたことがありますか。
◆ 今までとても楽しい体験をしたことがあったら話してください。

VOCABULARY

経験けいけんを積つむ	경험을 쌓다
経験けいけんを生いかす	경험을 살리다
後悔こうかいする	후회하다
思おもい出だす	생각나다
記憶きおくする	기억하다
忘わすれる	잊다
覚おぼえる	외우다, 기억하다, 배우다
学まなぶ	배우다
思おもい浮うかべる	(생각을) 떠올리다
実感じっかんする	실감하다
がっかりする	실망하다
貴重きちょう	귀중함
大切たいせつ	소중함, 중요함
重要じゅうよう	중요함
苦にがい	씁쓸하다, 쓰라리다
辛つらい	괴롭다, 고통스럽다
懐なつかしい	그립다
悲かなしい	슬프다
楽たのしい	즐겁다
ありがたい	고맙다
体験談たいけんだん	체험담
経験談けいけんだん	경험담
思おもい出で	추억
最初さいしょ	최초, 처음
最後さいご	최후, 마지막

KANJI

写 베낄 사
- 음 しゃ　훈 うつ(す)
- 写真 しゃしん 사진　写生 しゃせい 사생

内 안 내
- 음 ない　훈 うち
- 以内 いない 이내　家内 かない 집사람

予 미리 예
- 음 よ　훈 ―
- 予習 よしゅう 예습　予定 よてい 예정

考 생각할 고
- 음 こう　훈 かんが(える)
- 参考 さんこう 참고　考え方 かんがえかた 사고방식

同 한가지 동
- 음 どう　훈 おな(じ)
- 同一 どういつ 동일　同級生 どうきゅうせい 동급생

うきうき にほんご

LESSON 06

학습목표
명절에 관해 이야기하기

正月

1. 姜さんは来年の正月はどうするつもりですか。
2. 新年のあいさつするために田舎に帰ろうと思っています。
3. 初詣にも行かずにゆっくり寝たりするでしょうね。
4. 韓国ほどではないでしょうね。
5. 親が子供に会いたがる気持ちは世界共通ですよね。
6. 正月やお盆はなくてはならない大切な日だと思います。

DIALOGUE 1

- 姜さんは来年の正月はどうするつもりですか。
- そうですね。親に新年のあいさつするために、田舎に帰ろうと思っています。
  でも韓国では新暦じゃなくて、旧暦の正月をもっと重視しているので、その時に休みをもらって帰るつもりです。
  高橋さんはどうするつもりなんですか。
- 僕ですか。一応年末に埼玉の実家に帰ろうと思っているんですが、三箇日はたぶん初詣に行かずに、家でお雑煮やお節料理を食べたり、ゆっくり寝たりするでしょうね。
- 寝正月ということですね。
- 彼女でもいれば一緒に明治神宮にでも行くんですけどね。
- まだ間に合いますよ。今から彼女作ればいいじゃないですか。
- そううまくはいきませんよ。

단어　正月しょうがつ 설 | 新年しんねん 새해 | あいさつ 인사 | 新暦しんれき 양력 | 旧暦きゅうれき 음력 | 重視じゅうし 중시 | 一応いちおう 일단 | 埼玉さいたま 사이타마 | 三箇日さんがにち 정초 3일간 | 初詣はつもうで 새해 첫 참배 | お雑煮ぞうに 일본식 떡국 | お節料理せちりょうり 명절 때 먹는 조림요리 | 寝正月ねしょうがつ 설에 아무 데도 가지 않고 집에서 쉼 | 明治神宮めいじじんぐう 메이지 신궁 | 間まに合あう 시간에 맞추다

1

A: 金さん、週末の慰安旅行に行きますか。
B: はい、行くつもりです。

1. 来月の飲み会に参加する / はい、参加する
2. 再来月の能力試験を受ける / はい、一応受ける
3. 再来週の同窓会に顔を出す / いいえ、顔は出さない

2

A: 田中さん、週末は何をしようと思っていますか。
B: 週末は友達とキャンプに行こうと思っています。

1. 斎藤さん、今度の休み / 秋葉原に行って電子レンジを買う
2. 李さん、卒業後 / 父の会社を手伝う
3. 佐藤さん、結婚後 / 専業主婦をする

3

朴さんはあいさつもせずに家に帰ってしまいました。

1. 朝食を取る、学校に行く
2. 先生にことわる、早退する
3. 社長に報告する、勝手に処理する

단어 週末しゅうまつ 주말 | 慰安旅行いあんりょこう 위로 여행 | 参加さんか 참가 | 再来月さらいげつ 다음 다음 달 | 能力試験のうりょくしけん を受うける 능력시험을 치르다 | 再来週さらいしゅう 다음 다음 주 | 同窓会どうそうかい 동창회 | 顔かおを出だす 얼굴을 내밀다 | 秋葉原あきはばら 아키하바라 | 電子でんしレンジ 전자레인지 | 卒業後そつぎょうご 졸업 후 | 手伝てつだう 돕다 | 専業主婦せんぎょうしゅふ 전업 주부 | 朝食ちょうしょくを取とる 아침밥을 먹다 | ことわる 양해를 구하다 | 早退そうたい 조퇴 | 報告ほうこく 보고 | 勝手かってに 제멋대로 | 処理しょり 처리

DIALOGUE 2

- 姜さん、韓国の正月は日本の正月と何か違うところがあるんですか。
- そうですね。中国と同じように全国民が大移動するので高速道路は大渋滞するんですよ。
- 日本も渋滞する所はありますけど、韓国ほどではないでしょうね。
- それにしても、帰省ラッシュは大変ですよ。
- でも、親が子供に会いたがる気持ちは世界共通ですよね。
- その通り。田舎で暮らしている親にとって、正月やお盆はなくてはならない大切な日だと思います。
- そうですよね。来週実家に帰ってこようかな？
- いいな。いつでも帰れる高橋さんがうらやましいです。

단어　違ちがう 다르다 | ～と同おなじように ～와(과) 마찬가지로 | 全国民ぜんこくみん 전 국민 | 大移動だいいどう 대이동 | 高速道路こうそくどうろ 고속도로 | 大渋滞だいじゅうたい 심한 정체 | 帰省きせいラッシュ 귀성 전쟁 | 世界せかい 세계 | 共通きょうつう 공통 | その通とおり 그대로 | 暮くらす 살다 | ～にとって ～에게 있어서 | お盆ぼん 백중맞이, 음력 7월 보름

EXERCISE

1

A: 最近蒸し暑い日が続きますね。
B: そうですね。でも去年ほどではないですけどね。

1. 最近の田中さん、残業をたくさんする / 課長
2. 中国語、難しい / ロシア語
3. 今日の地震、怖かった / 先週

2

A: 佐藤さんが田中さんと一緒に出張に行くの嫌がっていますよ。
B: あ、そうですか。一緒に行くの嫌がっていますか。

1. うちの子供、犬が怖い
2. 金さん、朴さんと写真を撮りたい
3. 彼女、退屈

3

私にとって子供はなくてはならないものです。

1. 日本、石油
2. 人間、水
3. 会社、営業

단어　蒸むし暑あつい 무덥다 ｜ 残業ざんぎょう 잔업 ｜ 中国語ちゅごくご 중국어 ｜ ロシア語ご 러시아어 ｜ 地震じしん 지진 ｜ 嫌いや 싫음 ｜ 退屈たいくつ 심심함 ｜ 石油せきゆ 석유 ｜ 営業えいぎょう 영업

PHRASE

1 ～じゃなくて

「명사＋じゃなくて[ではなくて]」로 '～이 아니라'의 뜻으로 쓰이는데, 「명사＋ないで」라고 하지 않도록 주의한다.

> 예　私は学校の教師ではなくて市役所の役人です。
> これは田中さんにあげる物じゃなくて鈴木さんにあげる物です。

2 ～ずに

「동사 ない형＋ずに」는 '～하지 않고'의 뜻으로 「～ないで」와 같은 뜻으로 쓴다. 「する」에 연결될 때는 「しずに」가 아니라 「せずに」가 된다.

> 예　彼は社長に報告もせずに帰ってしまった。
> 彼は社長に報告もしないで帰ってしまった。

3 うまくいく

「うまくいく」는 '잘되다'의 뜻으로 사물이 순조롭게 진행됨을 나타내는데, 「うまくいく」를 「よくなる」라고 하지 않도록 주의한다. 「よくなる」는 '(상태가) 좋아지다'의 뜻으로 쓰인다.

> 예　仕事、うまくいっていますか。
> 今回の試験はうまくいきました。

4 ～ほど～ない

「AはBほど～ない」는 'A는 B만큼 ～하지 않다'의 뜻으로 「ほど」 뒤에 부정형이 수반되는 경우인데, 초급에서 배운 「수량사＋ほど」의 경우에는 「ほど」 대신 「ぐらい」를 써도 무방하지만 「AはBほど～ない」에서는 「ほど」 대신 「ぐらい」로 바꿔 쓸 수 없다.

> 예　今年は去年ほど雪が降らない。
> 田中さんは金さんほど背が高くない。

5 ～にとって

「AはBにとってCだ」라는 문형은 'B의 입장에서 보면 A는 C이다'라는 뉘앙스로 쓰이며, 「～にとって」 뒤에는 「大切だ, 簡単だ, 重要だ, 大事だ」 등이 오는 경우가 많다. 경우에 따라서는 명사가 오는 경우도 있다.

> 예　歌手にとって声は生命だ。
> 受験生にとって時間は何よりも大切だ。

FREE TALKING

다음 질문을 하고 상대방의 대답을 적어 보세요.

- ◆ あなたは次の正月はどうするつもりですか。
- ◆ 正月のうれしい点、うれしくない点を話してください。
- ◆ 韓国のお正月もお年玉をあげますか。また、いつあげますか。
- ◆ 韓国のお正月の食べ物、遊びと言えばどんな物がありますか。

VOCABULARY

お年玉 としだま	세뱃돈
たこ上あげ	연날리기
こま回まわし	팽이 돌리기
すごろく	두 개의 주사위의 끗수에 따라 말을 써서 승부를 겨루는 놀이
羽根突はねつき	(배드민턴과 같은) 주로 설날에 여자 아이들이 하는 놀이
カルタ	놀이딱지
もちつき	떡치기
年賀状 ねんがじょう	연하장
年末年始 ねんまつねんし	연말연시
初夢 はつゆめ	정월 초하루나 초이틀에 꾸는 꿈
こたつ	일본의 실내 난방 장치의 하나
忘年会 ぼうねんかい	송년회
新年会 しんねんかい	신년회

紅白歌合戦 こうはくうたがっせん	홍백가요대전
年越 としこしそば	섣달 그믐날 밤에 먹는 메밀국수
除夜じょやの鐘かね	제야의 종
初日はつひの出で	새해 해돋이
お寺 てら	절
仕事納 しごとおさめ	종무식
仕事始 しごとはじめ	시무식
大おおみそか	섣달 그믐날
帰省きせいする	귀성하다
大掃除 おおそうじする	대청소하다
年始回 ねんしまわりをする	새해 인사를 다니다
参拝 さんぱいする	참배하다

06 正月 55

KANJI

世 인간 세
- 음 せ・せい 훈 よ
- 世界せかい 세계　世よの中なか 세상

市 저자 시
- 음 し 훈 いち
- 市民しみん 시민　市場いちば 시장

用 쓸 용
- 음 よう 훈 もち(いる)
- 用意ようい 준비　用事ようじ 용무

以 써 이
- 음 い 훈 ー
- 以下いか 이하　以上いじょう 이상

田 밭 전
- 음 でん 훈 た
- 田中たなか 다나카　田たんぼ 논

うきうき にほんご

LESSON 07

학습목표
첫사랑에 관해 이야기하기

初恋

1. 高校時代からずっと思い続けていました。
2. 彼女、まだ独身だそうです。
3. ところで連絡先は聞いたんですか。
4. 知り合ったばかりで付き合ってくれと言えなかったです。
5. 告白さえできなかったのに。

DIALOGUE 1

- 姜さん、実は今日、町中で偶然、高校時代からずっと思い続けていた初恋の人にばったり会ったんですよ。もうどきどきしちゃいましたよ。
- え？本当ですか。でも、もう10年以上経っているのに相手が初恋の人だとよく分かりましたね。
- もちろん分かりますよ。
  それだけ好きだったということですよ。
- それで彼女に話しかけたんですか。
- もちろん。彼女、まだ独身だそうです。
- それはよかったですね。ところで連絡先は聞いたんですか。
- それが、一番重要な携帯の番号を聞くのを忘れちゃったんです。
- 全く、もう。高橋さんは要領が悪いんだから。

단어　実じつは 실은 ｜ 町中まちなか 시내, 거리, 번화가 ｜ 偶然ぐうぜん 우연히 ｜ 時代じだい 시대, 시절 ｜ 続つづける 계속하다 ｜ 初恋はつこい 첫사랑 ｜ どきどき 두근두근 ｜ 経たつ 지나다, 경과하다 ｜ 相手あいて 상대 ｜ それだけ 그만큼 ｜ 話はなしかける 말을 걸다 ｜ 連絡先れんらくさき 연락처 ｜ 番号ばんごう 번호 ｜ 忘わすれる 잊다 ｜ 要領ようりょう 요령

EXERCISE

1

田中さんは小学校の時から日記をつけ続けています。

1. 鈴木さん、高校生の時、アレルギーの薬を飲む
2. A社、3年前、新製品の開発をする
3. 金さん、10年前、毎月5千円ずつためる

2

A: 朴さん、先週結婚したそうですよ。
B: え？ そうなんですか。全然知りませんでした。

1. 李さん、今入院している
2. 金さんの子供さん、昨日生まれた
3. 佐藤さん、最近彼女とうまくいっていない

3

A: 田中さん、お出掛けですか。
B: えー、ちょっと買い物に。ところで最近寒いですね。

1. このごろ冷え込む
2. 今日は肌寒い
3. 最近暑さが続く

단어 小学校しょうがっこう 초등학교 | 日記にっきをつける 일기를 쓰다 | アレルギー 알레르기 | 薬くすり 약 | 新製品しんせいひん 신제품 | 開発かいはつ 개발 | ためる 모으다 | 生うまれる 태어나다 | 冷ひえ込こむ 기온이 몹시 내려가다 | 肌寒はださむい 쌀쌀하다 | 暑あつさ 더위

DIALOGUE 2

- 高橋さんの初恋はいつだったんですか。
- 僕の初恋ですか。小学校5年生の時でしたよ。
- え？小学校5年生？そんなに早かったんですか。
- でも普通、初恋が小学生の時だと言う人も多いですよ。
- え、でもその人と付き合っていたんでしょ？
- まさか。ただの片思いですよ。あの時はまだ知り合ったばかりで、付き合ってくれと言えなかったですよ。告白さえできなかったのに。
- 私は高校2年生の時でしたよ。一年ぐらい付き合っていました。
- え？じゃ、それまで片思いもしたことがなかったんですか。
- もちろん、ありましたよ。中学1年生の時に。
- じゃ、それが初恋じゃないですか。
(笑)

단어　普通ふつう 보통｜付つき合あう 사귀다｜片思かたおもい 짝사랑｜知しり合あう 알게 되다｜告白こくはく 고백｜〜さえ 〜조차, 〜마저｜それまで 그때까지

EXERCISE

1

私は英語を習ったばかりで、まだよく分かりません。

1. 運転免許を取る、まだ運転が下手だ
2. この地域に引っ越ししてくる、このあたりについてまだよく分からない
3. 大学に合格する、まだ実感がわかない

2

A: 部長が今日中にこのファックスをA社に送ってくれと言っていました。
B: あ、そうですか。今日中にA社に送ればいいんですね。分かりました。

1. 社長、午後3時に会議室に集まる
2. 先生、来週の金曜日までにレポートを提出する
3. B社の田中さん、C社の鈴木さんの携帯の番号を教える

3

A: この書類を中国語に翻訳してくれますか。
B: え？ 私には無理ですよ。英語さえできないのに。

1. この商品をスクーターでD社まで届ける / 自転車、乗る
2. このデータをエクセルに入力する / ネットでメール、送る
3. 私に日本語を教える / ひらがなの書き方、分かる

단어　運転免許うんてんめんきょを取とる 운전면허를 따다 ｜ 地域ちいき 지역 ｜ あたり 근처 ｜ 合格ごうかく 합격 ｜ 実感じっかんがわく 실감이 나다 ｜ 会議室かいぎしつ 회의실 ｜ 集あつまる 모이다 ｜ 提出ていしゅつ 제출 ｜ 携帯けいたいの番号ばんごう 휴대폰 번호 ｜ 書類しょるい 서류 ｜ 翻訳ほんやく 번역 ｜ 無理むり 무리 ｜ 届とどける 전하다, 보내다 ｜ 入力にゅうりょく 입력 ｜ ネット 인터넷 ｜ 書かき方かた 쓰는 법

1 〜ちゃう

「동사 て형+ちゃう」는 '〜해 버리다, 〜하고 말다'의 뜻으로, 「〜てしまう」의 구어적 표현이다. 「〜でしまう」의 경우 「〜じゃう」로 바뀐다.

예 　感動的なドラマを見て泣いちゃいました。
　　昨日財布をおとしちゃって困っちゃいましたよ。

2 それだけ

「それだけ」는 '그만큼'이라는 뜻으로 「それほど」로 바꿔 쓸 수 있다.

예 　A：最近CNNのニュースの単語が聞き取れるようになったんですよ。
　　B：それだけ上手になったということですよ。

3 そんなに

「そんなに」는 '그렇게, 그토록, 그다지'라는 뜻이며, 두 가지 용법이 있다.

① 「そのように」의 뜻으로
　　そんなに長く座っていると腰が痛くなりますよ。
　　そんなに彼が好きなら告白したらどうですか。

② 「あまり・別に」의 뜻으로
　　あの映画、そんなに面白くなかった。
　　今日はそんなに暑くない。

cf. 　そんなにしてください。(×) → そう[そのように]してください。(○)

4 付き合う

「付き合う」는 일반적으로 '사귀다'의 뜻으로 알지만, 그 밖에도 사회생활에서 필요에 따라 남과 행동을 함께한다는 뜻도 있다.

예 　今日A社へ訪問するのに君も付き合ってくれないか。
　　かなちゃん、トイレ、付き合って。

FREE TALKING

다음 질문을 하고 상대방의 대답을 적어 보세요.

- あなたの初恋はいつでしたか。
- 初恋の相手はどんな人でしたか。
- 町で偶然、初恋の人に会ったらどうしますか。
- もし同窓会などで「あなたが私の初恋の人だった」と言われたらどうしますか。

_____

_____

_____

VOCABULARY

□ 同級生 どうきゅうせい	동급생
□ 同窓会 どうそうかい	동창회
□ クラス会 かい	반창회
□ 入学式 にゅうがくしき	입학식
□ 卒業式 そつぎょうしき	졸업식
□ ラブレター	연애편지
□ カップル	커플
□ 修学旅行 しゅうがくりょこう	수학여행
□ 登校 とうこう	등교
□ 下校 げこう	하교
□ 恋愛 れんあい	연애
□ 意識 いしき する	의식하다
□ しゃべる	지껄이다, 말하다
□ 緊張 きんちょう する	긴장하다

□ 憧 あこがれる	동경하다
□ 断 ことわる	거절하다
□ 受 うけ入 いれる	받아들이다
□ かっこいい	멋있다, 멋지다
□ かわいい	귀엽다
□ 美人 びじん	미인
□ スタイルがいい	스타일이 좋다
□ 頭 あたま がいい	머리가 좋다
□ 勉強 べんきょう ができる	공부를 잘하다
□ 性格 せいかく がいい	성격이 좋다
□ 優 やさしい	상냥하다, 자상하다

| 正 바를 정 | 음 しょう・せい　훈 ただ(しい)
正月 しょうがつ 정월　正直 しょうじき 정직함 |

| 主 주인 주 | 음 しゅ　훈 おも
主人 しゅじん 남편, 주인　主人公 しゅじんこう 주인공 |

| 予 미리 예 | 음 よ　훈 あらかじめ
予習 よしゅう 예습　予定 よてい 예정 |

| 光 빛 광 | 음 こう　훈 ひか(る)・ひかり
光景 こうけい 광경　光 ひかり 빛 |

| 死 죽을 사 | 음 し　훈 し(ぬ)
死角 しかく 사각　急死 きゅうし 급사 |

うきうき にほんご

LESSON 08

학습목표
TV프로그램에 관해 이야기하기

番組

주요문형 1 毎日忙しいはずなのにどうやって見るんですか。

주요문형 2 家にいなくても構いませんよ。

주요문형 3 見たい番組を予約録画しておけばいいです。

주요문형 4 それはちょっと口では言いにくいですね。

주요문형 5 放送禁止用語にある言葉も出るらしいですよ。

주요문형 6 そんな番組見るくらいなら外で一杯飲んだ方がいい。

DIALOGUE 1

- 姜さんは家でどんなテレビ番組を見ているんですか。
- そうですね。やっぱり視聴率の高いドラマとかをよく見る方ですね。高橋さんは？
- 僕はストレスの解消にバラエティー番組をよく見ますね。
- でも、高橋さん、毎日残業で忙しいはずなのにどうやって見るんですか。
- 最近はデジタル放送が録画できるから、家にいなくても構いませんよ。
- あ、そうでしたよね。見たい番組を予約録画しておけばいいですからね。
- 姜さんは見たい番組がある時はやっぱり録画するんですか。
- 私は録画しなくても大丈夫です。その時間には必ず家に帰っていますから。(笑)

단어 番組ばんぐみ 프로그램 | 視聴率しちょうりつ 시청률 | バラエティー 버라이어티 | デジタル放送ほうそう 디지털 방송 | 録画ろくが 녹화 | 構かまわない 상관없다 | 予約よやく 예약

EXERCISE

1

A: 田中さん、どうしたんでしょうか。まだ来ませんね。

B: さっきタクシーに乗ったと電話があったから、もうすぐ着くはずですよ。

1. ちょっと前に部長のところに行った、すぐ戻る
2. 今取引先の会社に行っている、2、3時間で終わる
3. 午前中にソウルを出発したと言っていた、夕方には到着する

2

A: あのー、このドア閉めた方がいいですか。

B: いいえ、閉めなくても構いませんよ。

1. ここにハンコを押す
2. 欠席することを先生に言う
3. 手術する

3

A: この肉、どうしたらいいですか。

B: あ、その肉、冷蔵庫に入れておいて下さい。

1. カギ / 鈴木さんに渡す
2. 契約書 / あそこの引き出しに入れて保管する
3. 拾った財布 / 警察に届ける

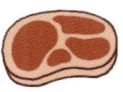

단어　着つく 도착하다 | 戻もどる 돌아오다 | 取引先とりひきさき 거래처 | 到着とうちゃく 도착 | ハンコを押おす 도장을 찍다 | 欠席けっせき 결석 | 手術しゅじゅつ 수술 | 肉にく 고기 | 冷蔵庫れいぞうこ 냉장고 | カギ 열쇠 | 渡わたす 건네다 | 契約書けいやくしょ 계약서 | 引ひき出だし 서랍 | 保管ほかん 보관 | 拾ひろう 줍다 | 警察けいさつに届とどける 경찰에 신고하다

DIALOGUE 2

- 高橋さん、日本のテレビは大人の番組も放送していると聞いたんですが、本当ですか。
- そうですね。韓国に比べたらかなりいやらしい番組もあるかも知れませんね。
- 具体的にどういう内容なんですか。
- それはちょっと口では言いにくいですね。韓国だったら放送禁止用語になる言葉も出るらしいですよ。
- 「出るらしい」って、高橋さんは見ないんですか。
- そんな番組見るくらいなら外で一杯飲んだ方がいいですよ。
- さすが、高橋さん、見直しました。
- 「見直した」って、今まで僕のこと、どんな人間だと思っていたんですか。
- 冗談ですよ。ちょっと意外だと思っただけですよ。(笑)

단어 　大人 おとな 어른, 성인 ｜ 比 くらべる 비교하다 ｜ かなり 꽤 ｜ いやらしい 야하다 ｜ 具体的 ぐたいてき 구체적 ｜ 内容 ないよう 내용 ｜ 口 くち 입, 말 ｜ 禁止 きんし 금지 ｜ 用語 ようご 용어 ｜ 外 そと 밖 ｜ 見直 みなおす 다시 보다 ｜ 意外 いがい 의외

1

A: 朴さん、この文字、かなり小さいですね。

B: うーん、そうですね。ちょっと読みにくいですね。

> 1. 肉、とてもかたい / かむ
> 2. はさみ、相当古い / 切る
> 3. 車、左ハンドル / 運転する

2

A: 李さん、田中さんが外国に転勤するらしいですよ。

B: え？本当ですか。信じられないです。

> 1. 佐藤さんがアメリカに移民する
> 2. 金さんが交通事故で足の骨を折った
> 3. Kさんの会社が倒産した

3

A: 金さんは宝くじを買わないんですか。

B: 宝くじを買うくらいなら、そのお金を貧しい人にあげた方がいいですよ。

> 1. 外国旅行に行く / そのお金でおいしいものを食べる
> 2. マイホームを持つ / 高級車を買う
> 3. 社長にあやまる / 会社をやめる

단어 文字もじ 글자 | かたい 질기다 | かむ 씹다 | はさみ 가위 | 相当そうとう 상당히 | 左ひだりハンドル 핸들이 왼쪽에 있음 | 転勤てんきん 전근 | 移民いみん 이민 | 足あし 발, 다리 | 骨ほねを折おる 뼈가 부러지다 | 倒産とうさん 도산 | 宝たからくじ 복권 | 貧まずしい 가난하다 | 高級車こうきゅうしゃ 고급차 | あやまる 사과하다

PHRASE

1 解消
「解消」는 자동사와 타동사의 기능이 있다.
- 예 悩みが解消した。
  契約を解消する。

2 ～はず
「～はず」는 '틀림없이 ～일 것이다'의 뜻으로, 강한 추측을 나타낸다. 어떤 근거에 따라 논리적으로 생각한 결과, 그 추측에 이르게 될 때 쓰인다.
- 예 彼の店は今日定休日だから家にいるはずだ。
  3時発の新幹線に乗ったからもうすぐ東京に着くはずだ。

3 ～ておく
「～ておく」는 '～해 놓다, ～해 두다'의 뜻으로, 회화에서는 줄여서「동사 て형+とく」로 쓰는 경우가 많다.
- 예 本はそこに置いといて下さい。
  先生に言っとけば大丈夫ですよ。

4 ～にくい
「동사 ます형+にくい」로 '～하기 어렵다'는 뜻으로, 반대말은「동사 ます형+やすい」이다.
- 예 このラーメンは食べやすいです。
  このコーヒーカップはちょっと持ちにくいです。

5 ～らしい
「らしい」에는「ようだ」와 비슷한 추측의 용법과 전문의 용법이 있다.
- 예 田中さんはくしゃみをしている。風邪を引いたらしい。(추측)
  うわさによると、朴さんは最近離婚したらしい。(전문)
- cf. 彼女はその服を着ると女性らしい姿になる。(～답다)

FREE TALKING

다음 질문을 하고 상대방의 대답을 적어 보세요.

- あなたはどんな番組をよく見ますか。
- あなたが嫌いな番組はどんな番組ですか。
- あなたは日本の番組を見たことがありますか。
- 韓国の番組と日本の番組は何か違うところがあると思いますか。

VOCABULARY

お笑わらい番組ばんぐみ	코미디 프로
娯楽番組ごらくばんぐみ	오락 프로
クイズ番組ばんぐみ	퀴즈 프로
料理番組りょうりばんぐみ	요리 프로
教養きょうよう	교양
教育きょういく	교육
情報じょうほう	정보
時代劇じだいげき	사극
ドラマ	드라마
アニメ	애니메이션
報道ほうどう	보도
スポーツ中継ちゅうけい	스포츠 중계
生放送なまほうそう	생방송
番組表ばんぐみひょう	편성표
楽たのしむ	즐기다
楽たのしみにする	기대하다
感動かんどうする	감동하다
驚おどろく	놀라다
興奮こうふんする	흥분하다
おかしい	이상하다, 우습다
かわいそう	불쌍함
すごい	굉장하다, 대단하다
ひどい	심하다
待まち遠どおしい	몹시 기다려지다
素晴すばらしい	훌륭하다

兄
형 형

- 音 きょう・(けい)　訓 あに
- 兄弟 きょうだい 형제　お兄にいさん 오빠, 형

肉
고기 육

- 音 にく　訓 —
- 肉食 にくしょく 육식　焼肉 やきにく 불고기

字
글자 자

- 音 じ　訓 (あざ)
- 漢字 かんじ 한자　文字 もじ 문자

自
스스로 자

- 音 し・じ　訓 みずか(ら)
- 自転車 じてんしゃ 자전거　自分 じぶん 자기

早
이를 조

- 音 さっ・そう　訓 はや(い)
- 早速 さっそく 즉시, 당장　早起 はやおき 일찍 일어남

LESSON 09

학습목표
길 안내하기

道案内

1. ちょっとお尋ねしますけど。
2. この近くに郵便局の本局があると聞いたんですが。
3. うまく行けるか分かりませんけど。
4. 渋谷までの行き方を教えてもらえませんか。
5. あらかじめ伝えておかないと。
6. いちいち行くと言わなければいけないんですか。

DIALOGUE 1

🙂 すみません。ちょっとお尋ねしますけど、この近くに郵便局の本局があると聞いたんですが。

👮 あ、ありますよ。この道をまっすぐ行くと左の角に銭湯がありますから、そこの路地を左に入ってまっすぐ行くと、途中に信号がありますから、その信号を右の方に曲がってください。

🙂 信号を右ですね。

👮 はい。信号を右です。そこを約5分ぐらい歩くと大通りに出ます。そこまで行けばすぐ分かるはずです。

🙂 5分ぐらい歩くんですね。うまく行けるか分かりませんけど、とりあえず行ってみます。

👮 もし迷ったらまたその辺の人に聞いてください。

🙂 どうもご親切に。ありがとうございました。

단어　尋たずねる 묻다 ｜ 近ちかく 근처 ｜ 本局ほんきょく 본국 ｜ まっすぐ 곧장, 똑바로 ｜ 角かど 모퉁이 ｜ 銭湯せんとう 목욕탕 ｜ 路地ろじ 골목길 ｜ 信号しんごう 신호등 ｜ 大通おおどおり 큰길, 대로 ｜ とりあえず 일단, 우선 ｜ 迷まよう 헤매다

EXERCISE

1

ちょっとお尋ねしますけど、早稲田病院はどこにありますか。

1. お聞きします、どちら
2. うかがいます、どの辺
3. すみません、どの辺り

2

A: この近くにクリーニング屋があると聞いたんですけど。

B: あ、クリーニング屋なら、この道をまっすぐ行くとAビルがあります。そのビルの右側にありますよ。

1. この辺、ラーメン屋 / あそこの橋を渡ってまっすぐ3分ほど歩く、セブン・イレブン、手前
2. この辺り、床屋 / この通りをずっと行く、牛丼屋、向かい
3. この近く、美容室 / この横断歩道を渡って左側にまっすぐ行く、自転車屋、となり

3

うまく行けるかどうか分かりませんけど、とりあえず行ってみます。

1. 話す
2. 解く
3. 説明する

단어 早稲田わせだ 와세다 | お聞ききする 묻다(聞く)의 겸양 표현 | うかがう 여쭙다 | 辺へん 근처, 부근 | 辺あたり 근처, 부근 | クリーニング屋や 세탁소 | 右側みぎがわ 우측 | ラーメン屋や 라면집 | 橋はし 다리 | 渡わたる 건너다 | 手前てまえ 약간 못 미치는 지점 | 床屋とこや 이발소 | 牛丼屋ぎゅうどんや 소고기덮밥집 | 向むかい 맞은편 | 美容室びようしつ 미용실 | 横断歩道おうだんほどう 횡단보도 | 左側ひだりがわ 좌측 | 自転車屋じてんしゃや 자전거 가게 | となり 옆 | 解とく 풀다 | 説明せつめい 설명

09 道案内 75

DIALOGUE 2

- 高橋さん。渋谷までの行き方を教えてもらえませんか。
- え、渋谷？渋谷なら山手線で一本で行きますけど。渋谷まで何をしに行くんですか。
- 今度の土曜日に渋谷の結婚式場で、留学時代の友達が結婚するらしいんですよ。
- 「らしい」って。はっきりわかっていないのに行くんですか。
- ええ、うわさで聞いただけなので…。
- 招待状はもらったんですか。
- いいえ、もらっていないですけど。
- それじゃ、行ってはだめですよ。姜さんが行くということをあらかじめ伝えておかないと。
- いちいち行くと言わなければいけないんですか。日本では。
- 当たり前ですよ。そうしないと姜さんの座る席がないですよ。
- 席も決まっているんですか。知りませんでした。(悲)

단어　渋谷しぶや 시부야 | 行いき方かた 가는 방법 | 山手線やまのてせん 야마노테선(JR노선명) | 一本いっぽんで行く 한 번에 가다 | 結婚式場けっこんしきじょう 결혼식장 | 留学時代りゅうがくじだい 유학시절 | うわさ 소문 | 招待状しょうたいじょう 초대장, 청첩장 | もらう 받다 | あらかじめ 미리 | 伝つたえる 전하다 | いちいち 일일이 | 当あたり前まえ 당연함 | 席せき 자리 | 決きまる 정해지다

EXERCISE

1

A: 田中さん、駅まで乗せてもらえませんか。
B: あ、いいですよ。

1. その写真を見せる
2. トイレを貸す
3. 部長に車を借りる

2

A: 今日早退したいんですけど。どうしたらいいですか。
B: それなら部長に言っておかないといけませんね。

1. 今日の会議の時間を変更したい / 社長に話す
2. あさって休みをもらいたい / 店長に許可をもらう
3. 明日家にお客さんが来る / 食べ物や飲み物を買う

3

A: 欠席する時はいちいち先生に言わなければいけないんですか。
B: 当たり前ですよ。そうしないとしかられますよ。

1. ご飯を食べる、お茶碗を手に持つ / 下品だと言われる
2. 飲み会、割り勘にする / 上司が負担になる
3. 海外に長期滞在する、市役所に届ける
   / 住民税支払いの通知が来る

단어 見せる 보이다 | 貸す 빌려주다 | 借りる 빌리다 | 会議かいぎ 회의 | 変更へんこう 변경 | 店長てんちょう 점장 | 許可きょかをもらう 허가를 받다 | お茶碗ちゃわん 밥그릇 | 手てに持もつ 손에 들다 | 下品げひん 품위없다 | 割わり勘かん 더치페이, 각자 부담 | 負担ふたん 부담 | 長期滞在ちょうきたいざい 장기 체류 | 市役所しやくしょ 시청 | 住民税じゅうみんぜい 주민세 | 支払しはらい 지불 | 通知つうち 통지

1 お＋동사 ます형＋する

「お＋동사 ます형＋する」를 쓰면 자신을 낮추는 겸양 표현이 된다. 단, 그대로 외워야 할 겸양어가 있으므로 주의한다.

예
- うかがう '듣다' '방문하다'의 겸양어
- はいけんする '보다'의 겸양어
- いただく '먹다' '마시다' '받다'의 겸양어
- もうす '말하다'의 겸양어
- いたす '하다'의 겸양어
- さしあげる '주다(あげる)'의 겸양어

2 まっすぐ

「まっすぐ」는 '곧장, 똑바로'의 뜻으로 어떤 목적지까지 가는 데 길을 돌지 않고 간다는 뜻이며, 시간적으로 '바로'라는 뜻은 없다.

예 連絡をもらってまっすぐ警察署に行きました。(×) → すぐ

3 ～に出る

「～に出る」는 길을 안내할 때 유효하게 쓸 수 있는 표현으로, 「～が出る」라고 하지 않도록 주의한다.

4 ～てもらえませんか

「～てもらえませんか」는 「～てくれませんか」보다 더 정중한 표현이다. 「～てもらえませんか」보다 「～てくださいませんか」가 더 정중하고, 가장 정중한 표현은 「～ていただけませんか」이다.

예
明日電話していただけませんか。↗
明日電話してくださいませんか。↗
明日電話してもらえませんか。↗
明日電話してくれませんか。↗

5 ～ておかないと

「～ておかないと」는 「～ておく」에 「～ないと」가 연결된 표현으로, '～해 놓지 않으면 안 된다, ～해 놓아야지'라는 뜻이다. 「～ておかないと」 뒤에 「いけない」가 생략되어 있다.

FREE TALKING
다음 질문을 하고 상대방의 대답을 적어 보세요.

- あなたの家までの道案内をしてみてください。
- あなたの町で有名な所やおいしい店がどこにあるか説明してください。
- あなたは今まで人から道を聞かれたことがありますか。
- もし外国人から道を聞かれたらどうしますか。

VOCABULARY

目的地もくてきち	목적지	信号機しんごうき	신호등 *信号만 써도 됨
国道こくどう	국도		
歩道ほどう	보도	曲まがる	꺾다, 돌다
2車線にしゃせん	이차선	過すぎる	지나다
交差点こうさてん	교차로	渡わたる	건너다
T字路ティーじろ	T자로	探さがす	찾다
三叉路さんさろ	삼거리	階段かいだんを上のぼる	계단을 오르다
十字路じゅうじろ	십자로, 사거리	階段かいだんを下おりる	계단을 내리다
四叉路よんさろ	사거리	〜に沿そって歩あるく	〜을 따라 걷다
踏ふみ切きり	건널목	〜に向むかって	〜을 향해서
歩道橋ほどうきょう	육교	〜を背せにして	〜을 등지고
曲まがり角かど	길모퉁이	〜を通とおって	〜을 통과해서
坂道さかみち	비탈길		
通とおり	도로, 거리		

09 道案内 79

KANJI

有 있을 유
- 음 う・ゆう 훈 あ(る)
- 有効ゆうこう 유효함   有名ゆうめい 유명함

池 못 지
- 음 ち 훈 いけ
- 電池でんち 전지   池田いけだ 이케다(사람 이름)

合 합할 합
- 음 がっ・ごう 훈 あ(う)
- 試合しあい 시합   間まに合あう 시간에 맞추다

回 돌아올 회
- 음 かい 훈 まわ(る)
- 3回さんかい 세 번   回まわる 돌다

色 빛 색
- 음 しき・しょく 훈 いろ
- 青色あおいろ 파란색   色々いろいろ 여러 가지

うきうき にほんご

LESSON 10

학습목표
데이트나 산책에 관해 이야기하기

デート・散歩

주요문형 1 電話も一日に５、６回はしてくれます。

주요문형 2 ほとんど彼に出してもらっています。

주요문형 3 たまには姜さんがおごってあげたらどうですか。

주요문형 4 散歩に出掛けるとしたら、どんな所に行きますか。

주요문형 5 近くの公園とか河川敷とかに行って散歩します。

주요문형 6 運動不足で太ってきたのでちょっと歩こうかと思って。

DIALOGUE 1

- 姜さんは週に何回ぐらい彼に会うんですか。
- そうですね。4、5回は会っていると思いますよ。
- え？そんなに頻繁に会うんですか。すごいですね。
- もちろんですよ。
  彼、電話も一日に5、6回はしてくれますよ。
- お二人、もうラブラブですね。
  ところで、デートの時はもちろん割り勘なんでしょ？
- 違いますよ。ほとんど彼に出してもらっています。
  韓国では男性が出すのが普通ですよ。
- えー、そんな。彼がかわいそう。
  たまには姜さんがおごってあげたらどうですか。
- フフフ。今日のデートは私が全部払うつもりです。
- 今日もデートですか。
  もうあきれちゃうな。ほんとうに。
  (笑)

단어　週しゅうに 일주일에 ｜ 頻繁ひんぱんに 빈번하게 ｜ ラブラブ 애정이 넘치는 모양 ｜ かわいそう 불쌍하다 ｜ たまに 가끔, 때때로 ｜ おごる 한턱내다, 사 주다 ｜ あきれる 어이없다, 아연하다, 기가 막히다

1

彼女は私が疲れている時にいつもコーヒーを入れてくれます。

1. うちの母、悩んでいる、相談に乗る
2. 担任の先生、困っている、助ける
3. 近所のケンタ君、忙しい、子供のお守りをする

2

私はたまにアメリカ人に英語を教えてもらっています。

1. 弟、全身マッサージをする
2. 課長、家まで送る
3. 親友、犬を預かる

3

A: たまには奥さんにきれいな洋服でも買ってあげたらどうですか。
B: そうですね。そうしてあげたら喜びますよね。

1. 子供さんと遊園地にでも行く
2. 飼っている犬に散歩でもさせる
3. 彼女にカレーライスでも作る

단어　コーヒーを入いれる 커피를 타다 ｜ 悩なやむ 고민하다 ｜ 相談そうだんに乗のる 상담에 응하다 ｜ 担任たんにん 담임 ｜ 困こまる 곤란하다 ｜ 助たすける 돕다 ｜ 近所きんじょ 이웃, 근처 ｜ お守もり 아이를 돌봄 ｜ 全身ぜんしん 전신 ｜ 親友しんゆう 친한 친구 ｜ 預あずかる 맡다 ｜ 洋服ようふく 서양풍의 의복 ｜ 遊園地ゆうえんち 유원지 ｜ 飼かう 기르다 ｜ 散歩さんぽ 산책 ｜ させる 시키다

DIALOGUE 2

- 高橋さんはもし散歩に出掛ける**としたら**、どんな所に行きますか。
- そうですね。散歩だったらやっぱり愛犬と一緒だから近くの公園とか河川敷とかに行って散歩するでしょうね。どうしてですか。
- 実は私、最近運動不足で太ってきたのでちょっと歩こうかと思って。
- でも姜さん、全然太っていないですよ。
- 見た目だけですよ。お腹にぜい肉がついちゃって。
- それなら僕と一緒に散歩でもしませんか。
- んー、でも大丈夫です。一人でしますから。
- え、僕が一緒だと困りますか。遠慮しないでくださいよ。
- そうじゃなくて、実は私、犬が苦手なんです。

단어　愛犬あいけん 애견 | 〜とか〜とか 〜라든가 〜라든가 | 河川敷かせんじき 하천 부지 | 運動不足うんどうぶそく 운동 부족 | 見みた目め 겉보기, 외관 | ぜい肉にく 군살 | 困こまる 곤란하다 | 遠慮えんりょする 사양하다 | 苦手にがて 딱 질색임

1

A: もしハネムーンに行くとしたらどんな所に行きたいですか。
B: そうですね。タイとかスイスとかメキシコとかに行きたいですね。

1. スポーツを習う / スカッシュ、テニス、卓球
2. 料理を教えてもらう / フランス料理、ベトナム料理、中華料理
3. 引っ越しする / 大田(テジョン)、一山(イルサン)、大邱(テグ)

2

A: 暇なとき何をして過ごしますか。
B: そうですね。本を読むとか、テレビを見るとかして過ごしています。

1. お花に水をやる、洗濯する
2. 部屋の掃除をする、皿洗いする
3. チャットする、ホームページを作る

3

A: 来週、一人旅するつもりなんです。
B: どうしてですか。
A: ちょっと気休めに行ってこようかと思って。

1. 今週で会社をやめる / もっと条件のいい会社に移る
2. 車を売ってしまう / 健康のために自転車で通勤する
3. 来週引っ越しする / 会社からもっと近い方がいい

단어 ハネムーン 허니문 | タイ 태국 | スイス 스위스 | メキシコ 멕시코 | スカッシュ 스쿼시 | 卓球たっきゅう 탁구 | フランス 프랑스 | ベトナム 베트남 | 中華料理ちゅうかりょうり 중국요리 | 暇ひま 한가함 | 過すごす 지내다 | 洗濯せんたく 빨래 | 皿洗さらあらい 설거지 | チャット 채팅 | ホームページ 홈페이지 | 一人旅ひとりたび 혼자 떠나는 여행 | 気休きやすめ 일시적인 위안 | 移うつる 옮기다 | 健康けんこう 건강 | 通勤つうきん 통근

PHRASE

1 週(しゅう)に

「週に」는 '일주일에'라는 뜻으로 「一週間に」라고 해도 된다.

cf. ·月(つき)に　　·年(ねん)に

2 〜てくれる

「〜てくれる」는 누군가가 나에게 뭔가를 해 주다라는 뜻이다. 동작주가 손윗사람일 경우에는 「〜てくださる」를 쓴다.

> 예　母が毎朝お弁当(べんとう)を作ってくれます。
> 　　先生が一生懸命(いっしょうけんめい)教えて下さいました。

3 〜てもらう

「〜てもらう」는 한국어에 없는 일본식 표현 중 하나이다. 「〜に〜てもらう」는 누군가에게 어떤 행동을 해 받았다, 즉 누군가가 나에게 어떤 행동을 해 주었다라는 뜻이다. 손윗사람일 경우에는 「〜ていただく」를 쓴다.

> 예　(私は)金さんにアイスクリームを買ってもらいました。
> 　　弟は金さんに家まで乗せてもらいました。

4 〜てあげる

「〜てあげる」는 나 혹은 제삼자가 누군가에게 어떤 행위나 행동을 해 주다라는 뜻이다.

> 예　私は金さんに食事をおごってあげました。
> 　　朴さんは金さんにコーヒーを入れてあげました。

5 〜としたら

「〜としたら」는 「〜なら」와 비슷한 표현이며, '〜한다고 가정하면', '〜한다고 치면'이라는 뜻이다.

> 예　両親(りょうしん)にプレゼントするとしたら何を買ったらいいでしょうか。
> 　　過去(かこ)に戻(もど)れるとしたらどんな時代に戻りたいですか。

FREE TALKING

다음 질문을 하고 상대방의 대답을 적어 보세요.

- ◆ あなたはデートするとしたらどんな所に行きたいですか。
- ◆ あなたに恋人ができたとしたら一日何回ぐらい電話をすると思いますか。
- ◆ 運動不足だと思ったらどんなことをしますか。
- ◆ もし散歩をするならどこを散歩しますか。

VOCABULARY

初はつデート	첫 데이트
ファーストキス	첫 키스
愛情あいじょう	애정
ドライブ	드라이브
関心かんしん	관심
興味きょうみ	흥미
話題わだい	화제
ジョギング	조깅
日課にっか	일과
日常生活にちじょうせいかつ	일상생활
習慣しゅうかん	습관
意識いしきする	의식하다
緊張きんちょうする	긴장하다
約束やくそくを破やぶる	약속을 어기다
付つき合あう	사귀다
手てをつなぐ	손을 잡다
待まち合あわせする	만날 약속을 하다
別わかれる	헤어지다
さわやか	상쾌함
気持きもちいい	기분 좋다
恥はずかしい	부끄럽다, 창피하다
孤独こどく	고독함
満足まんぞく	만족스러움
十分じゅうぶん	충분함
不十分ふじゅうぶん	불충분함

KANJI

好 좋을 호
- 音 こう 訓 この(む)・す(き)
- 好このみ 기호, 취향   お好このみ焼やき 오코노미야키

米 쌀 미
- 音 まい・べい 訓 こめ
- 米国べいこく 미국   お米こめ 쌀

近 가까울 근
- 音 きん 訓 ちか(い)
- 近所きんじょ 이웃, 근처   近ちかく 근처

図 그림 도
- 音 ず・と 訓 はか(る)
- 地図ちず 지도   図書室としょしつ 도서실

売 팔 매
- 音 ばい 訓 う(る)
- 売店ばいてん 매점   売うり場ば 매장

LESSON 11

학습목표
쇼핑에 관해 이야기하기

うきうき にほんご

ショッピング

- 主要文型1 私はどちらかと言うとカタログショッピングです。
- 主要文型2 ネットと違っていちいち接続する必要がないです。
- 主要文型3 なかなかデパートに行く時間がなくて。
- 主要文型4 モデルのようになれるんじゃないかと思っちゃうんです。
- 主要文型5 テレビに影響されちゃだめですよ。
- 主要文型6 ホームショッピングは中毒になるそうです。

DIALOGUE 1

- 姜さんはよくネットショッピングをしますか。
- そうですね。私はどちらかと言うと
  カタログショッピングをよく利用する方です。
- どうしてですか。ネットショッピングの方が便利だと
  思うんですけど。
- んー、でもカタログはネットと違って、
  いちいち接続する必要がないから便利ですよ。
- まあ、それはそうですね。
  ところで、最近カタログで何か買った物ありますか。
- 先週ランジェリーを買いましたよ。ブランド物の。
  なかなかデパートに行く時間がなくて。

단어　ネット 인터넷 ｜ カタログ 카탈로그 ｜ 利用りよう 이용 ｜ 接続せつぞく 접속 ｜ ランジェリー 란제리 ｜ ブランド物もの 브랜드 제품

EXERCISE

1

A: 田中さんはビールをよく飲みますか。
B: 私はどちらかと言うとワインをよく飲む方です。

1. 映画を見によく渋谷に行く / 新宿によく行く
2. ディスカウントストアーにたまに行く / 行かない
3. お刺身が好きだ / 肉が好きだ

2

A: 最近はソウルから釜山までKTXで3時間しかかかりませんね。
B: そうですよね。高速バスと違って早く快適に行けていいですよね。

1. どこに行っても道路がこんで大変だ / 10年前、交通量が増えた
2. カーナビがあるからどこにでも行けて便利だ
   / 地図、いちいち道を確認しなくてもいいから便利だ
3. 物価が高くて生活が大変だ
   / 子供の頃、一万ウォンあってもすぐ使ってしまう

3

もう15分も待っているのになかなかバスが来ませんね。

1. もう3年も英語を習っている、英会話ができない
2. 5年も勤務している、給料が上がらない
3. 毎日ジョギングしている、体重が減らない

단어 新宿しんじゅく 신주쿠 | ディスカウントストアー 할인점 | お刺身さしみ 회 | 快適かいてき 쾌적함 | 道路どうろ 도로 | 交通量こうつうりょう 교통량 | 増ふえる 늘어나다 | カーナビ 내비게이션 | 地図ちず 지도 | 覚おぼえる 외우다, 기억하다 | 勤務きんむ 근무 | 給料きゅうりょう 급여 | 体重たいじゅう 체중 | 減へる 줄어들다

DIALOGUE 2

- 高橋さんはホームショッピングで買った後、後悔したことありますか。
- もちろん、たくさんありますよ。
  衣類は特に後で後悔することが多いですね。
- やっぱり衣類は直接はいたり着たりして確かめてみないとね。
- でも、テレビを見ていると自分もモデルのようになれるんじゃないかと思っちゃうんですよ。
- テレビに影響されちゃだめですよ。高橋さん。
  まずは運動してやせた方がいいんじゃないですか。
- 鋭いお言葉。やっぱりホームショッピングは中毒になるそうだから気をつけないとね。
  ところで、そのかばん、初めて見たけどどうしたんですか。
- …実は先週ホームショッピングで買っちゃったんです。
  私も中毒かな。(泣)

単어 後悔こうかい 후회 | 衣類いるい 의류 | 直接ちょくせつ 직접 | 確たしかめる 확인하다 | 影響えいきょうされる 영향을 받다 |
中毒ちゅうどく 중독 | ところで 그런데

EXERCISE

1

私は先生のように優しい人になりたいです。

1. 日本人、日本語がぺらぺらになる
2. 金社長、社会的に成功して余裕のある生活をする
3. プログラマー、コンピューターを自由自在に使えるようになる

2

A: 最近毎晩お酒を飲んでいるんですよ。

B: 毎晩お酒を飲んでいちゃだめですよ。

1. 毎食肉類を食べている
2. 毎日二箱タバコを吸っている
3. 毎日ろくに食事もしないでゲームばかりしている

3

A: 朴さん、薬指に指輪していますね。

B: 朴さん、来月結婚するそうですよ。

1. 頭に包帯を巻いている / 昨日ケガをした
2. 最近体格がよくなった / 毎日フィットネスクラブに通っている
3. 最近嬉しそうだ / 行きたかった大学に合格した

단어　ぺらぺら 유창하게 말하는 모양 | 社会的しゃかいてき 사회적 | プログラマー 프로그래머 | 自由自在じゆうじざい 자유자재
　　　二箱ふたはこ 두 갑 | 頭あたま 머리 | 包帯ほうたいを巻まく 붕대를 감다 | 体格たいかく 체격

1 どちらかと言うと

「どちらかと言うと」는 '어느 쪽인가 하면'이라는 뜻으로, 친한 사이에서는 「どっちかって言うと」라고 한다.

cf. ・どうしてかと言うと　・いつかと言うと　・だれかと言うと

2 〜と違って

「〜と違って」는 '〜와 달리'라는 뜻으로 문장체로는 「〜と違い」라고 쓴다.

3 なかなか

「なかなか」 뒤에 부정형이 접속되면 '좀처럼 〜지 않다'라는 뜻이 되며, 긍정문에서 쓰일 때는 '매우, 제법, 상당히'라는 뜻이 된다.

4 後で

「後で」는 '나중에'라는 뜻이지만 「後で」와 '나중에'는 약간의 차이가 있다. 특히 한국어로 '나중에 전화할게요'라고 하면 그날 할 수도 있고 다음에 할 수도 있지만, 일본어로 「後で電話します」라고 하면 그날 반드시 해야 하며 다음 날로 넘겨서는 안 된다.

cf. 今度電話します。

5 〜ちゃだめ

「〜ちゃだめ」의 「〜ちゃ」는 「〜ては」가 회화체로 바뀐 것이다. 실제 회화에서는 「〜てはいけません」보다 「〜ちゃだめ」가 더 많이 쓰인다.

FREE TALKING
다음 질문을 하고 상대방의 대답을 적어 보세요.

- ◆ あなたはホームショッピングでどんな物を買ったことがありますか。
- ◆ ホームショッピングやネットショッピングで物を買う一番の理由は何ですか。
- ◆ あなたはショッピングする時、だれとどんな所に行きますか。
- ◆ あなたはどんな物を買ったときに後悔しましたか。

VOCABULARY

買かい物もの	쇼핑
市場いちば	시장
買かい物ものかご	장바구니
無料むりょう	무료
商品しょうひん	상품
送料そうりょう	배송비
手数料てすうりょう	수수료
中古ちゅうこ	중고
割引わりびき	할인
宅急便たっきゅうびん	택배
費用ひよう	비용
価格かかく	가격
ギフト	선물
通販つうはん	통신판매
不良品ふりょうひん	불량품
選えらぶ	고르다
迷まよう	망설이다
確たしかめる	확인하다
後悔こうかいする	후회하다
注文ちゅうもんする	주문하다
配達はいたつする	배달하다
届とどく	물건이 도착하다
届とどける	물건을 보내다
満足まんぞくする	만족하다
不満足ふまんぞく	불만족
お買得かいどく	싸게 사서 득을 봄
特別とくべつ	특별함

KANJI

別 나눌 별
- 음 べつ 훈 わか(れる)
- 別べつに 별로   特別とくべつ 특별함

私 사사 사
- 음 し 훈 わたし
- 私立しりつ 사립   公私こうし 공사

声 소리 성
- 음 せい 훈 こえ
- 音声おんせい 음성   歌声うたごえ 노랫소리

低 낮을 저
- 음 てい 훈 ひく(い)
- 低下ていか 저하   最低さいてい 최저

赤 붉을 적
- 음 せき 훈 あか(い)
- 赤道せきどう 적도   赤あかちゃん 아기

LESSON 12

うきうき にほんご

학습목표
학창 시절에 관해 이야기하기

学生時代

주요문형 1 高校時代は勉強ができた方ですか。

주요문형 2 うちの学校の場合は毎日お弁当持参でした。

주요문형 3 そんなことしたら後で大変なことになりますよ。

주요문형 4 お金持ちの息子と付き合いたかったんでしょ？

주요문형 5 結婚することになったら金銭的に苦労しなくてもいい。

DIALOGUE 1

- 高橋さんは高校時代は勉強ができた方ですか。
- そうですね。中の上ぐらいでしたね。姜さんは？
- 私はたいていクラスで5位以内に入っていましたね。
- わー、優等生だったんですね。
  ところで、昼食はどうしていましたか。
- うちの学校の場合は毎日お弁当持参でした。
  高橋さんの学校は外で食べることができましたか。
- そんなことしたら後で大変なことになりますよ。
  でも、たまに抜け出して外で食べる友達もいましたけどね。
- それは韓国も同じですよ。自習時間に抜け出して遊びに行ったり、仮病使って早退したり。
- え？仮病まで？
  それは塾に行きたくなくて使う手だったな。僕は。(笑)

단어　中ちゅうの上じょう 중상　|　～位い ～위, ～등　|　以内いない 이내　|　優等生ゆうとうせい 우등생　|　昼食ちゅうしょく 중식　|　場合ばあい 경우　|　持参じさん 지참　|　自習じしゅう 자습　|　抜ぬけ出だす 빠져나가다　|　仮病けびょうを使つかう 꾀병을 부리다　|　塾じゅく 학원　|　手て 수법, 방법

EXERCISE

1

A: 学生の時はどんな科目がよくできましたか。

B: そうですね。私は数学がよくできた方ですね。

1. 体育
2. 美術
3. 国語

2

A: 日本では車線が左側なんです。

B: そうですか。韓国の場合は右側ですよ。

1. 日本、はしは横に置く / 韓国、はしは縦に置く
2. 日本の大学、春休みが長い / 韓国の大学、冬休みが長い
3. うち、正月はいつも実家に帰る
   / わが家、正月はいつも海外で過ごす

3

A: すいません。ここでたばこを吸うことができますか。

B: 申し訳ありません。
   ここではたばこは吸えないことになっています。

1. この場所、携帯を使う
2. この中、食べ物を食べる
3. ここ、お酒を飲む

단어 科目かもく 과목 | 体育たいいく 체육 | 美術びじゅつ 미술 | 国語こくご 국어 | 車線しゃせん 차선 | 左側ひだりがわ 좌측 | 右側みぎがわ 우측 | 縦たて 세로 | わが家や 우리집

12 学生時代 99

DIALOGUE 2

- 姜さんは大学生時代に合コンしたことがありますか。
- え、ありますよ。
- それで、いい人に出会ったことがありますか。イケメンとか。
- 私はイケメンには興味なかったです。
いい所のお坊っちゃんかどうかを見ましたよ。
- あー、分かった。お金持ちの息子と付き合いたかったんでしょ？
- もちろんです。その人と付き合って結婚することになったら、金銭的に苦労しなくてもいいですから。
- そんな所ばかり見ているから結婚できないんですよ。
- それはお互い様じゃないんですか。(笑)

단어　合ごうコン 미팅 ｜ 出会であう 우연히 만나다 ｜ イケメン 잘생긴 남자 ｜ 興味きょうみ 흥미 ｜ いい所ところのお坊ぼっちゃん 부잣집 아들 ｜ 金銭的きんせんてき 금전적 ｜ 苦労くろう 고생 ｜ お互たがい様さま 피차일반

1

A: 今日用事があって飲み会に参加できないんです。
B: もしかして、彼女に会いに行くんでしょ？

1. 最近胃が痛くて大変だ / 毎日お酒を飲んでいる
2. 今日ちょっとショッキングなことがあった / 彼女にふられた
3. 最近一日二食しか食べていない / ダイエットしている

2

A: 今度新しい家に引っ越すことになったんです。
B: あー、そうですか。それはおめでとうございます。

1. 今度課長に昇進する
2. 来月新車を買う
3. 来週本社に移る

3

A: 最近体の調子が悪いんですよ。
B: それなら残業はしなくてもいいですよ。

1. 最近小さい字がよく見えない / 細かい作業はしない
2. 包丁の使い方が分からない / 野菜は切らない
3. 今年祖父が亡くなった / 年賀状は出さない

단어　もしかして 혹시 | ショッキング 쇼킹 | ふられる 차이다 | 二食にしょく 두 끼 | 昇進しょうしん 승진 | 本社ほんしゃ 본사 | 字じ 글자 | 細こまかい 세세하다, 자세하다 | 作業さぎょう 작업 | 包丁ほうちょう 부엌칼 | 祖父そふ 조부 | 年賀状ねんがじょう 연하장

1 できる

「できる」는 보통 '할 수 있다', '생기다'의 뜻으로 알고 있는데, '공부를 잘하다', '시험을 잘 치다'의 뜻으로도 많이 쓰인다.

예　試験、よくできましたか。

2 ～ことができる

「～ことができる」는 '～을 할 수 있다'로 능력이 있음을 나타내며, 또한 '허가'의 뜻도 있다.

예　新幹線の中でたばこを吸うことができますか。

3 大変なことになる

「大変なことになる」의 「大変」은 '힘들다' 외에 '큰일이다'의 뜻도 있다. 여기서는 '큰일나다'의 뜻으로 쓰이고 있다.

4 塾

「塾」는 학생들을 모아서 가르치는 사설 학원을 말하며, 「学院(がくいん)」이라고 하면 일본인들은 못 알아듣는다.

예　学習塾　　英語の塾

5 イケメン

「イケメン」은 2000년 이후에 생긴 신조어로, 남자 얼짱을 나타내는 말이다.

6 ～んでしょ

「～んでしょ」는 상대방의 모습을 보거나 상대방이 말한 내용을 듣고 추측하여 그것을 확인할 때 쓴다.

예　目が赤くなっているのを見ると、昨日徹夜したんでしょ？

FREE TALKING

다음 질문을 하고 상대방의 대답을 적어 보세요.

- あなたの学生時代はお弁当を持っていきましたか。給食でしたか。
- あなたは今までどんな塾に通ったことがありますか。
- あなたは合コンをしたことがありますか。
- 韓国の合コンはどのようにしますか。

VOCABULARY

保育園 ほいくえん	보육원
幼稚園 ようちえん	유치원
小学校 しょうがっこう	초등학교
中学校 ちゅうがっこう	중학교
高校 こうこう	고등학교
給食 きゅうしょく	급식
クラス	반
班 はん	조
中間 ちゅうかん テスト	중간고사
期末 きまつ テスト	기말고사
一学期 いちがっき	한 학기
点数 てんすう	점수
体育館 たいいくかん	체육관
入試 にゅうし	입시
売店 ばいてん	매점
出席 しゅっせき を取 とる	출석을 부르다
遅刻 ちこく する	지각하다
早退 そうたい する	조퇴하다
欠席 けっせき する	결석하다
厳 きび しい	엄하다
甘 あま い	후하다, 엄하지 않다
嬉 うれ しい	기쁘다
辛 つら い	괴롭다
楽 たの しみ	기대됨, 낙
活発 かっぱつ	활발함

KANJI

町 밭두둑 정
- 음 ちょう　훈 まち
- 町中まちなか 시내, 시중, 번화가　下町したまち 상인들이 많이 사는 지역

弟 아우 제
- 음 だい・てい・で　훈 おとうと
- 兄弟きょうだい 형제　弟子でし 제자

走 달릴 주
- 음 そう　훈 はし(る)
- 100m走そう 100미터 달리기　競走きょうそう 경주

体 몸 체
- 음 たい・てい　훈 からだ
- 体育たいいく 체육　体重たいじゅう 체중

村 마을 촌
- 음 そん　훈 むら
- 農村のうそん 농촌　民族村みんぞくむら 민속촌

うきうき にほんご

LESSON

학습목표
회식에 대해 이야기하기

13

飲み会・食事会

1. 会社に入って間もないから顔を出しておく。
2. 実は飲み始めると切りがないんです。
3. それに次の日何も覚えていないときもあるんです。
4. 高橋さん、どうしたんですか。
5. 僕の彼女の振りできないかな？
6. それなら考えてみようかな？

DIALOGUE 1

- 高橋さん、今日新しい職場の飲み会があるんですけど、やっぱり行かなければだめですよね。
- そうですね。一応会社に入って間もないから、顔を出しておいた方がいいですよ。
  ところで、飲み会は苦手なんですか。
- 苦手ではないんですけど、実は飲み始めると切りがないんです。それに次の日、何も覚えていないときもあるんです。
- え？本当ですか。姜さんがそんなに飲める人だとは知りませんでした。それなら飲み会に行ってお酒を飲まなければいいじゃないですか。
- そうも行かないですよ。ゲームしちゃったら飲むしか。
- それもそうですね。
  まあ、今回だけは飲まないように気を付けるしかなさそうですね。
- 自信ないな。(悲)

단어　職場しょくば 직장 ｜ 顔かおを出だす 얼굴을 내밀다 ｜ 切きりがない 끝이 없다 ｜ 自信じしん 자신 ｜ 気きを付つける 조심하다

1

私は結婚して間もないので結婚生活についてはまだよく分かりません。

1. 入社する、業務成績
2. 入学する、単位の取り方
3. 自動車免許証を取る、道路事情

2

田中さんの性格は一度習い始めると最後まで習おうとするタイプです。

1. 怒る、相手が謝るまで口を利かない
2. 話す、2、3時間は平気で話している
3. 何かにはまる、抜け出せなくなる

3

あそこの店は親切で、それに食べ物もおいしいです。

1. 彼、背が高い、運動神経もいい
2. このパソコン、速い、性能もいい
3. あの会社、勤務条件がいい、給料も高い方

단어 業務成績ぎょうむせいせき 업무 성적 | 単位たんい 학점 | 取とり方かた 따는 법 | 自動車免許証じどうしゃめんきょしょう 자동차면허증 | 道路事情どうろじじょう 도로 사정 | 謝あやまる 사과하다 | 口くちを利きかない 말을 하지 않다 | 平気へいき 태연함, 아무렇지도 않음 | はまる 빠지다 | 運動神経うんどうしんけい 운동 신경 | 性能せいのう 성능 | 勤務条件きんむじょうけん 근무 조건

DIALOGUE 2

- 姜さん、ちょっとお願いがあるんですけど。
- あら、高橋さん、どうしたんですか。
  急にあらたまった言い方をして。
- それが…、来週の土曜日に恋人同伴の食事会があって。
  姜さん、一日だけでいいから僕の彼女の振りできないかな?
- え? この私に人前で芝居しろと言うんですか。
- そうなんです。僕には彼女がいることになっているんです。
  その代わり、新しい服と靴は僕が買いますから。
- え? 本当ですか。それなら考えてみようかな?
- フランス料理のフルコースで、高級ワインを飲みながらの
  食事会だから結構ムードがあると思いますよ。
- 行きます。行きます。
  来週の土曜日の何時ですか。
- まったく、姜さん、気が早いんだから。

단어　あらたまる 새삼스럽다 | 言い方かた 말투 | 同伴どうはん 동반 | 食事会しょくじかい 회식 | 人前ひとまえ 남들 앞 | 芝居し
ばい 연기, 연극 | フルコース 풀코스 | 高級こうきゅう 고급 | 結構けっこう 제법, 꽤 | 気が早はやい 성급하다

1

A: その時計、どうしたんですか。

B: あー、これ、昨日買ったんです。

1. そのワイシャツ / コーヒーをこぼす
2. 顔の傷 / 猫にひっかかれる
3. その手のあざ / 朝ころぶ

2

彼女は社会人なのに学生服を着て、学生の振りをしています。

1. まだ寝る時間じゃない、布団に横になる、寝ている
2. 貧乏、ローレックスの時計をする、お金持ち
3. お酒が強い、何回もトイレに行く、酔う

3

今日の夕御飯、何を食べようかな？

1. 今度一人で北海道旅行に行ってみる
2. 来年の春から独り暮らししてみる
3. そろそろ家を建て直す

단어 こぼす 쏟다 | 傷きず 상처 | ひっかかれる 할퀴이다 | ころぶ 넘어지다 | 振ふりをする ~인 척하다 | 布団ふとん 이불 | 横よこになる 눕다 | 貧乏びんぼう 가난함 | 酔よう 취하다 | 北海道ほっかいどう 홋카이도 | そろそろ 슬슬 | 建たて直なおす 다시 짓다

PHRASE

1 飲み会와 食事会

주로「飲み会」는 음주 위주의 모임,「食事会」는 식사 위주의 모임을 뜻한다.

2 間もない

「間もない」는 '~한 지 얼마 안 되다'로 하나의 い형용사처럼 외우는 것이 좋다.

> 예 こちらに引っ越してきて間もなく昇進した。

3 ~始める

「동사 ます형+始める」는 '~하기 시작하다'의 뜻으로 쓰이며, '갑자기 ~하기 시작하다'라는 의미로 쓸 때에는「동사 ます형+出(だ)す」를 쓴다.

> 예 赤ちゃんが泣き出した。
> 　　雨が降り出した。

4 どうしたんですか

「どうしたんですか」는 '왜 그래요?', '웬일이에요?'의 뜻으로, 상대방이 가지고 있는 물건의 출처나 뜻밖의 현상을 보고 물어보는 말이다.

> 예 その車、どうしたんですか。買ったんですか。

5 芝居

「芝居」는 원래 일본 고유의 연극을 가리키는 말이지만, 회화에서는 사람을 속이기 위해서 연극이나 연기한다는 뜻으로 많이 쓰인다.

> 예 そんな下手な芝居してもすぐ分かるんだから。

6 気が早い

「気が早い」는 '성급하다'라는 뜻으로,「気が短い」와 헷갈리지 않도록 주의한다.「気が短い」는 '성질이 급하다'라는 뜻으로, 참을성이 없어서 쉽게 화를 내는 성격을 가리킨다.

FREE TALKING

다음 질문을 하고 상대방의 대답을 적어 보세요.

- ◆ あなたは最近いつ、どんな人たちと飲み会をしましたか。
- ◆ あなたは食事会をよくする方ですか。
- ◆ 飲み会をするときはどこでしますか。また、そこでする理由はなんですか。
- ◆ 飲み会ではどんなものを飲んだり食べたりしますか。

VOCABULARY

予約席 よやくせき	예약석
会費 かいひ	회비
予算 よさん	예산
幹事 かんじ	간사
注文 ちゅうもん	주문
会計 かいけい	회계, 계산
飲のみ屋や	술집
居酒屋 いざかや	선술집
上司 じょうし	상사
部下 ぶか	부하
同僚 どうりょう	동료
飲のみ過すぎ	과음
食たべ過すぎ	과식
マナー	매너
参加者 さんかしゃ	참가자
集あつめる	모으다
集あつまる	모이다
酔よう	취하다
騒さわぐ	떠들다
おしゃべりする	수다를 떨다
重要視 じゅうようしする	중요시하다
堅苦 かたくるしい	딱딱하다
豊富 ほうふ	풍부함
慎重 しんちょう	신중함
気分 きぶんが悪わるい	기분이 나쁘다, 구역질 나다

KANJI

利 이할 리
- 음 り 훈 き(く)
- 便利 べんり 편리함   利益 りえき 이익

返 돌이킬 반
- 음 へん 훈 かえ(す)
- 返事 へんじ 대답   返 かえす 돌려주다

役 부릴 역
- 음 やく 훈 ―
- 役割 やくわり 역할   役員 やくいん 임원

究 연구할 구
- 음 きゅう 훈 きわ(まる)
- 研究 けんきゅう 연구   研究室 けんきゅうしつ 연구실

京 서울 경
- 음 きょう 훈 ―
- 東京 とうきょう 도쿄   京都 きょうと 교토

うきうき にほんご

LESSON 14

학습목표
약속에 관해 이야기하기

約束

1. 例えば渋谷だったら忠犬ハチ公の前とか。
2. 早すぎじゃないですか。
3. 早めに行って相手を待った方がいいと思いますよ。
4. どうやって断ろうか今考えているところなんです。
5. デートしている途中で抜け出せないですからね。
6. 気持ちをはっきりと伝えるしかないですよ。

DIALOGUE 1

- 高橋さん、日本人と会う約束をする時に気をつけなければならない点、ありますか。
- そうですね。まず、待ち合わせの場所は分かりやすい何か目印がある所にした方がいいでしょうね。例えば渋谷だったら忠犬ハチ公の前とか。
- 忠犬ハチ公の前ですか。他にありますか。
- 待ち合わせ時間の10分前には着いていた方がいいでしょうね。
- え？ 10分も前にですか。早すぎじゃないですか。
- そんなことないですよ。早めに行って相手を待った方がいいと思いますよ。ひょっとしてデートでもするんですか。
- フフフ。それは内緒。というのは冗談で、実は今度取引先の方の接待があるんです。
- なんだ。びっくりした。本当にデートかと思いましたよ。
（笑）

단어　約束やくそく 약속 ｜ 待まち合あわせの場所ばしょ 약속 장소 ｜ 目印めじるし 표지 ｜ 例たとえば 예를 들어 ｜ 忠犬ちゅうけん 충견 ｜ ハチ公こう 하치(개 이름) ｜ ひょっとして 혹시 ｜ 内緒ないしょ 비밀 ｜ 冗談じょうだん 농담 ｜ 取引先とりひきさき 거래처 ｜ 接待せったい 접대 ｜ びっくりする 깜짝 놀라다

EXERCISE

1

A: 韓国の伝統のお茶といえばどんな物があるんですか。
B: そうですね。例えばゆず茶とか生姜茶とか人参茶などがあります。

> 1. 日本の有名な温泉地、ところ
>   / 伊東温泉、別府温泉、湯布院温泉
> 2. 韓国の三大寺、ところ / 松廣寺(ソンヴァンサ)、通度寺(トンドサ)、海印寺(ヘインサ)
> 3. 日本で知られている韓国の食べ物、物
>   / ビビンバ、クッパ、キムチ

2

A: 最近ご飯を三杯も食べてしまうんですよ。
B: それは食べすぎじゃないですか。

> 1. 毎日テレビを4時間も見ている
> 2. デパートの仕事で毎日6時間立っている
> 3. 今日寒いから服を5枚も着ている

3

A: コーヒーは普通の濃さでいいですか。
B: あ、すみませんが、薄めにお願いします。

> 1. ご飯は普通の量 / 少ない
> 2. サイズは小さめ / 大きい
> 3. 明日の会議は午後2時から / 遅い

단어 伝統でんとう 전통 | ゆず 유자 | 生姜しょうが 생강 | 人参にんじん 인삼 | 温泉地おんせんち 온천지 | 伊東いとう 이토 | 別府べっぷ 벳푸 | 湯布院ゆふいん 유후인 | 三大寺さんだいでら 3대 사찰 | 知しられる 알려지다 | ビビンバ 비빔밥 | クッパ 국밥 | キムチ 김치 | 三杯さんばい 세 그릇, 세 잔 | 濃こさ 농도 | 薄うすい 연하다

DIALOGUE 2

- 高橋さん、約束をキャンセルするにはどうしたらいいでしょうか。
- え？約束をキャンセルするんですか。それはどうかな？
- 実はこの前の合コンで会った男性から、しつこくデートに誘われて仕方なくオーケーしたんですけど、やっぱり行きたくないんです。
  どうやって断ろうか今、考え**ているところ**なんです。
- そうですね。今さらキャンセルか。
  まさかデートし**ている途中で**抜け出せないですからね。
- そうなんですよ。何かいい方法教えてくださいよ。
- やっぱり姜さんの気持ちをはっきりと伝える**しかない**ですよ。あなたは私にはもったいないとか。(笑)
- そんな見えすいた嘘を言うんですか。
- だったらデートしますか。
- 分かりました。言います。言います。

단어 キャンセル 캔슬, 취소 | しつこい 끈질기다, 집요하다 | 誘そわれる 권유받다 | 仕方しかたなく 할 수 없이 | 断ことわる 거절하다 | 今いまさら 이제 와서 | まさか 설마 | はっきりと 분명하게 | もったいない 과분하다, 아깝다 | 見みえすいた嘘うそ 뻔한 거짓말

1

A: 今何をしているんですか。
B: 今英語の単語を暗記しているところなんです。

1. 出掛ける支度をする
2. 電子レンジでご飯をあたためる
3. 外れたボタンをつける

2

勉強している途中で寝てしまいました。

1. 運転する、居眠りする
2. 飛行機に乗る、吐く
3. 面接を受ける、笑う

3

A: 日本語はどうやったら上手になるでしょうか。
B: 毎日30分でもいいから勉強するしかないですよ。

1. 料理 / いろいろな料理を作ってみて何回も失敗を重ねる
2. テニス / 上手な人から指導を受ける
3. 車の運転 / 交通量の多いところで何回も運転してみる

단어 | 単語たんご 단어 | 暗記あんき 암기 | 支度したく 준비 | あたためる 데우다 | 外はずれる 떨어지다 | ボタンをつける 단추를 달다 | 居眠いねむりする 졸다 | 吐はく 토하다 | 面接めんせつを受うける 면접을 보다 | 失敗しっぱいを重かさねる 실패를 거듭하다 | 指導しどう 지도

PHRASE

1 待ち合わせ

「待ち合わせ」는 미리 약속하여 만나기로 한다는 뜻이며, 뒤에 주로 「時間」이나 「場所」가 붙는다. 동사 「待ち合わせする」도 많이 쓰인다.

- 예 待ち合わせ場所はどこにしましょうか。

2 동사 ます형+すぎ

「～すぎ」는 동사 ます형뿐만 아니라 い형용사・な형용사에도 접속된다.

- 예 この村、ちょっと静かすぎませんか。
  この靴、汚すぎますよ。

3 ～め

「い형용사 어간+め」는 그와 같은 성질이나 경향을 가지고 있음을 나타낸다. 「～め」는 な형용사에는 접속되지 않는다.

- 예 あなたの血圧、ちょっと高めですね。気をつけてください。

4 ～ているところ

「～ているところ」는 '～하고 있는 중'이라는 뜻으로, 「～している中」라고 하지 않도록 주의한다.

- 예 今、夕ご飯の支度をしているところです。

5 ～ている途中で

「～ている途中で」는 '～하고 있는 도중에', '～하다가'의 뜻으로, 어떤 행동을 하는 중에 변화가 오는 것을 가리키는 표현이다.

- 예 話している途中で倒れてしまいました。

6 ～しかない

「～しかない」는 동사 기본형이나 명사에 접속된다.

- 예 今ポケットに5千円しかない。

FREE TALKING
다음 질문을 하고 상대방의 대답을 적어 보세요.

- あなたは最近どんな約束をしましたか。
- あなたはご両親と「これはしてはいけない」と約束したことがありますか。
- あなたは約束を破ったことがありますか。
- もし友達と会う約束をするなら、どんな場所で待ち合わせをしますか。

VOCABULARY

計画 けいかく	계획
予定 よてい	예정
延期 えんき	연기
期待 きたい	기대
確認 かくにん	확인
変更 へんこう	변경
信用 しんよう	신용
信頼 しんらい	신뢰
出来事 できごと	일어난 일, 사건
スケジュールを立たてる	스케줄을 세우다
約束やくそくを取とる	약속을 잡다
約束やくそくを守まもる	약속을 지키다
約束やくそくを破やぶる	약속을 어기다
約束やくそくを果はたす	약속을 이행하다
約束時間やくそくじかんに遅おくれる	약속 시간에 늦다
ショックを受うける	충격을 받다
延のばす	미루다
別わかれる	헤어지다
忘わすれる	잊다
信しんじる	믿다
変かえる	바꾸다
時間じかんにルーズ	시간 관념이 허술함
適当てきとう	적당함
不安ふあん	불안함
安心あんしん	안심함

KANJI

林 수풀 림
- 음 りん 훈 はやし
- 森林 しんりん 삼림   林 はやし 숲

妹 누이 매
- 음 まい 훈 いもうと
- 姉妹 しまい 자매   妹 いもうと 여동생

門 문 문
- 음 もん 훈 かど
- 専門 せんもん 전문   校門 こうもん 교문

物 물건 물
- 음 ぶつ・もつ 훈 もの
- 動物 どうぶつ 동물   建物 たてもの 건물

歩 걸음 보
- 음 ほ 훈 ある(く)・あゆ(む)
- 散歩 さんぽ 산책   歩 あるき 걸음

うきうき にほんご

LESSON　学習目標
オラクに関해 이야기하기

15

娯楽

1. 駅の売店で今買ってきたところなんです。
2. 今からコンビニに買いに行くところなんです。
3. 小説だったらいいですけど。
4. 私は温泉に目がないんです。
5. 韓国とは比べ物にならないほど温泉地が多いです。
6. 食事しに行くんじゃなくて、一杯飲みに行くんです。

DIALOGUE 1

- 高橋さん、少年サンデー買って読んでいるんですか。
- そうなんです。今日発売日なので駅の売店で今買ってきたところなんです。姜さんも定期的に何か読んでいますか。
- はい、漫画本だったら少年マガジンを毎週必ず読んでいます。
- え？男の子が読む漫画本を読んでいるんですか。
- そうなんです。一度読んだらはまっちゃって…。
  今からコンビニに買いに行くところなんです。
  ところで、日本ではどうしてスーツ姿の人も電車の中で漫画を読んでいるんですか。
- え？僕は別におかしいとは思いませんけど。
  姜さんは電車の中では漫画本読まないんですか。
- 小説だったらいいですけど、
  漫画本は恥ずかしくて読めないですよ。
- ハハハ。それは漫画に対する偏見ですよ。

단어　少年しょうねん 소년 ｜ 発売日はつばいび 발매일 ｜ 売店ばいてん 매점 ｜ 定期的ていきてき 정기적 ｜ 漫画本まんがぼん 만화책 ｜ スーツ姿すがた 정장 차림 ｜ おかしい 이상하다 ｜ 小説しょうせつ 소설 ｜ 恥はずかしい 부끄럽다, 창피하다 ｜ ～に対たいする ～에 대한 ｜ 偏見へんけん 편견

EXERCISE

1

A: 昼ごはんは食べましたか。

B: はい、今食べてきたところです。

1. 病院に行く
2. 部長に報告する
3. 料理の材料を買う

2

A: 出掛けないんですか。

B: あ、今から出掛けるところです。

1. ユニフォームに着替える
2. 化粧する
3. 歯を磨く

3

A: 焼酎は飲まないんですか。

B: ビールだったらいいですけど、焼酎はちょっと。

1. ボーリング、する / 卓球
2. ホラー映画、見る / アクション
3. 遊園地に、一緒に行く / 温泉

단어　材料ざいりょう 재료 | ユニフォーム 유니폼 | 着替きがえる 갈아입다 | 歯はを磨みがく 이를 닦다 | 焼酎しょうちゅう 소주
　　　| ホラー映画えいが 공포영화 | アクション 액션 | 遊園地ゆうえんち 유원지 | 温泉おんせん 온천

DIALOGUE 2

- 姜さんはたまに温泉に行きますか。
- 温泉？しょっちゅう行っていますよ。
  私は温泉に目がないんです。
- そんなに好きなんですか。韓国にも温泉はあるんでしょ？
- もちろんありますけど、数から言えば、韓国とは比べ物にならないほど、日本の方が温泉地が多いですよ。
- そうなんですか。僕は温泉に行くより、ディズニーシーで遊んだ方がストレスの解消になると思うけど。
- ストレスの解消のために行くんじゃなくて、健康と美容のために行くんです。
- 健康と美容のためなら運動したりサプリメント飲んだりするけどな。まあ、混浴を体験するなら温泉に行ってもいいかな。
- もう、高橋さんの考えることはいつもそうなんだから。

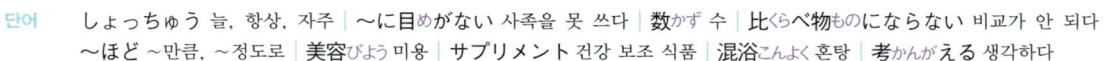

1

A: 田中さんは好きなお菓子、ありますか。
B: 私はチョコレートに目がないんです。

1. スポーツ / プロ野球
2. 食べ物 / 甘い物
3. おかず / 肉じゃが

2

日本は韓国とは比べ物にならないほど地震の多い国です。

1. 東京の夏、韓国の夏、蒸し暑い
2. 金さん、朴さん、日本語がうまい
3. 中国、日本、人口の多い国

3

A: 今日田中さんと食事しに行くんですか。
B: いいえ、食事しに行くんじゃなくて、一杯飲みに行くんです。

1. 今日鈴木さんのお見舞いに行く / 退院祝いに行く
2. 田中さん、来月結婚する / 再来月結婚する
3. 先週の日曜日に北海道に遊びに行った / 青森に行った

단어 お菓子かし 과자 │ プロ野球やきゅう 프로 야구 │ おかず 반찬 │ 肉にくじゃが 돼지고기, 감자, 양파 등을 간장, 설탕 등으로 조린 요리 │ 地震じしん 지진 │ 人口じんこう 인구 │ 一杯飲いっぱいのむ 한잔하다 │ お見舞みまい 병문안 │ 退院祝たいいんいわい 퇴원 축하 │ 青森あおもり 아오모리

PHRASE

1 ～ところ

「～ところ」앞에 접속되는 동사 형태에 따라서 뜻이 바뀌므로 주의한다. た형에 접속되면 '막 ~했다', '~한 지 얼마 안 되다', 동사 기본형에 접속되면 '~하려던 참이다', ている형에 접속되면 '~하고 있는 중이다'의 뜻이 된다.

예 子供は今、寝た<u>ところ</u>です。
今から勉強する<u>ところ</u>です。
今電話している<u>ところ</u>です。

2 ～に対する

「～に対する」 뒤에 명사가 오면 '~에 대한 (명사)'라는 뜻이 된다. '~에 대해서'는 「～に対して」이다.

예 最近は親<u>に対して</u>反抗する子供が多くなった。

3 比べ物にならない

「比べ物にならない」는 항상 부정형으로 쓰이며, 「比較(ひかく)にならない」라고 해도 된다.

4 ～ほど

「～ほど」는 '~만큼', '~정도로'의 뜻이며, 본문에서는 「～ほど」 대신 「～ぐらい」로 바꿔 써도 된다.

예 彼<u>ほど</u>英語ができる人はいない。→ 彼<u>ぐらい</u>英語ができる人はいない。

5 ～じゃなくて

「～じゃなくて」는 '~인 게 아니라'의 뜻으로, 주로 보어를 부정하는 표현이다. 「～じゃないで」라고 하지 않도록 주의한다.

예 私は車を買ったん<u>じゃなくて</u>、バイクを買ったんです。(車× バイク○)
昨日はクラブに行ったん<u>じゃなくて</u>、居酒屋に行ったんです。(クラブ× 居酒屋○)

FREE TALKING

다음 질문을 하고 상대방의 대답을 적어 보세요.

- あなたは定期的に読んでいる本がありますか。
- あなたは漫画をどう思いますか。
- あなたは温泉が好きですか。好きならどうして好きですか。
- 娯楽と言えばどんなものがあると思いますか。

VOCABULARY

□ エンターテインメント	엔터테인먼트	□ ネットカフェ	PC방
□ お笑わらい番組ばんぐみ	코미디 프로	□ 競馬けいば	경마
□ バラエティー番組ばんぐみ	버라이어티 프로	□ 音楽会おんがくかい	음악회
□ 宝たからくじ	복권		
□ サーカス	서커스	□ 娯楽施設ごらくしせつ	오락 시설
□ 手品てじな	마술	□ 大人気だいにんき	대인기
□ 漫才まんざい	만담	□ 暇ひまつぶし	심심풀이
□ テーマパーク	테마 파크	□ 流行りゅうこう	유행
□ ゲーセン	오락실		
□ パチスロ	파칭코, 슬롯머신	□ 休息きゅうそくを取とる	휴식을 취하다
□ レジャー	레저	□ くつろぐ	편안히 쉬다
□ アウトドア	아웃도어	□ 息抜いきぬきをする	숨을 돌리다
□ サークル	서클		
□ 同好会どうこうかい	동호회		
□ 漫画喫茶まんがきっさ	만화카페		

KANJI

| 服
옷 복 | 음 ふく　훈 —
学生服 がくせいふく 학생복　洋服 ようふく 양복 |

| 使
하여금 사 | 음 し　훈 つか(う)
使用 しよう 사용　大使館 たいしかん 대사관 |

| 事
일 사 | 음 じ　훈 こと
用事 ようじ 용무　仕事 しごと 일 |

| 始
비로소 시 | 음 し　훈 はじ(める)
始末書 しまつしょ 시말서　始 はじめる 시작하다 |

| 夜
밤 야 | 음 や　훈 よ・よる
夜食 やしょく 야식　夜 よる 밤 |

うきうき にほんご

LESSON 16

학습목표
실수에 관해 이야기하기

失敗談

1. 僕に義理チョコをくれたんです。
2. もらった物は返そうと思って、
3. まさかそれを反対にあげちゃったとか。
4. 帰りに同じ部署の女の子を家まで送ってあげたんです。
5. 送ってくれてありがとう。
6. その子に何か買ってもらったんですね。

DIALOGUE 1

- 姜さん、実はこの前、恥ずかしい失敗をしちゃったんです。
- 恥ずかしい失敗?
- えー。2月のバレンタインデーの時、隣の部署の女の子が僕に義理チョコをくれたんです。
- それがどうかしたんですか?
- もらった物は返そうと思って、この前のホワイトデーの時に本命の彼女のと隣の部署の女の子のと二つキャンディーを買ったんですよ。
- まさかそれを反対にあげちゃったとか。
- 実はその通りなんです。一つは1000円のでもう一つは5000円もしたんですけど、高い方を隣の部署の子にあげちゃったんです。
- それは大失敗でしたね。
- 隣の部署の子、僕が彼女に気があると誤解しているようなんです。
- それはそうですよ。高い物あげたんですから。ところで、本命の子はだれなんですか?
- それは、ひーみーつ。

단어　失敗しっぱい 실패, 실수 | 部署ぶしょ 부서 | 義理ぎりチョコ 연애 감정이 없는 사람에게 주는 초콜릿 | 返かえす 돌려주다 | 本命ほんめい 밸런타인데이 때 좋아하는 이성이나 애인에게 주는 초콜릿의 속칭 | 反対はんたい 반대 | その通とおり 말 그대로 | 気きがある 마음이 있다 | 誤解ごかい 오해 | ひみつ 비밀

1

私は弟の誕生日祝いに腕時計をあげました。

1. いとこの卒業祝い、電子辞書
2. 妹のおやつ、ドーナツ
3. 先輩の引っ越し祝い、スタンド

2

私は友達からお土産にキーホルダーをもらいました。

1. 部下、お中元、ビールの商品券
2. 取引先、お歳暮、缶詰の詰め合わせ
3. 家族、出産祝い、赤ちゃん用のベッド

3

親戚が弟に大学合格祝いに現金10万円をくれました。

1. 上司、私、昇進祝い、高級なネクタイ
2. 彼女のクラスの皆、彼女、退院祝い、花束
3. 祖父、妹、入学祝い、3万円

단어 誕生日祝たんじょうびいわい 생일 축하 | 腕時計うでどけい 손목시계 | いとこ 사촌 | 卒業祝そつぎょういわい 졸업 축하 | 電子辞書でんしじしょ 전자사전 | おやつ 간식 | ドーナツ 도넛 | スタンド 스탠드 | お土産みやげ 여행지 등에서 사 오는 그곳의 토산물이나 선물 | キーホルダー 열쇠고리 | 部下ぶか 부하 | お中元ちゅうげん 백중 선물 | 商品券しょうひんけん 상품권 | お歳暮せいぼ 연말 선물 | 缶詰かんづめ 통조림 | 詰つめ合あわせ 종합선물세트 | 出産しゅっさん 출산 | 親戚しんせき 친척 | 皆みんな 모두, 다, 전부 | 退院たいいん 퇴원 | 花束はなたば 꽃다발

DIALOGUE 2

- 姜さん、僕、また皆の前で恥をかいてしまいましたよ。
- どうしたんですか。何かあったんですか。
- え。実は先週、会社の飲み会があって、帰りに同じ部署の女の子を家まで送ってあげたんです。
- それで？
- そしたら今日、僕のデスクの上に「先日は家まで送ってくれてありがとう。」って小さな包みが…。
- その子、とても礼儀正しい子ですね。その子に何か買ってもらったんですね。
- そうなんです。その時すごく嬉しくて皆の前でその包みを自慢げに開けたんです。
- フフフ。分かった。変なものが入っていたんですね。
- ハンカチだと思って開けたら下着が入っていたんです。もう顔が真っ赤になってしまいましたよ。

단어 恥はじをかく 창피를 당하다 | 送おくる 바래다주다 | デスク 책상 | 包つつみ 포장한 물건 | 礼儀正れいぎただしい 예의 바르다 | 自慢じまんげに 자랑스럽게 | 開あける 열다, 뜯다 | ハンカチ 손수건 | 下着したぎ 속옷 | 真まっ赤か 새빨간

1

昨日、私はおばあさんの荷物を持ってあげました。

1. 今日、鈴木さん、幼稚園の子供たちに英語を教える
2. 日曜日に、弟、父の肩をもむ
3. 週末、私、母のかわりに皿洗いをする

2

佐藤さんは私にかさを貸してくれました。

1. 父、私を空港まで迎えに来る
2. 占い師、今年の運を占う
3. 木村さん、私にセーターを編む

3

私は田中先生に社会を教えてもらいました。

1. 上司、新しいバイヤーを紹介する
2. 友達、背中を流す
3. 朴さん、壊れたラジオを直す

단어 荷物にもつ 짐 | 持もつ 들다, 가지다 | 幼稚園ようちえん 유치원 | 肩かたをもむ 어깨를 주무르다 | 〜かわりに 〜대신에 | 空港くうこう 공항 | 迎むかえる 마중하다 | 占うらない師し 점쟁이 | 運うん 운세 | 占うらなう 점치다 | 編あむ 짜다 | バイヤー 바이어 | 紹介しょうかい 소개 | 背中せなかを流ながす 등을 밀다 | 壊こわれる 고장 나다 | 直なおす 고치다

1 あげる

「あげる」는 내가 제삼자에게 주거나, 제삼자가 제삼자에게 주거나, 상대방이 제삼자에게 주는 경우에 쓴다. 손윗사람에게 주는 경우에는 「さしあげる」를 쓴다.

> 예 　私は金さんにワンピースをあげました。
> 　　このかばんを社長にさしあげましょう。

2 くれる

「くれる」는 제삼자가 나 혹은 나와 가까운 사람에게(가족이나 애인) 줄 때 사용한다. 「くれる」의 높임말은 「くださる」이다.

> 예 　李さんが(私に)りんごをくれました。
> 　　金さんが母にスカーフをくれました。

3 もらう

「もらう」는 제삼자에게서 실제로 물건을 받을 때 사용되며, 추상적인 것을 받을 때에는 「うける」를 사용한다.

> 예 　私は友達から携帯をもらいました。
> 　　鈴木さんは田中さんにコーヒーメーカーをもらいました。

> cf. ・教育をうける　　　・授業をうける

4 ～てもらう

「～てもらう」는 어떤 사람이 해 주는 행위를 내가 받을 때 사용하며, 「～に」 앞에 들어가는 사람이 행동주가 된다.

> 예 　彼に缶ビールをおごってもらいました。
> 　　お腹がいっぱいだから弟にケーキを食べてもらいました。

5 真っ赤

색깔을 나타내는 말 앞에 「真」를 붙이면 그 색을 강조하는 역할을 한다.

> 예 　真っ青　　真っ黒　　真っ白　　真っ黄色

FREE TALKING

다음 질문을 하고 상대방의 대답을 적어 보세요.

- ◆ あなたは今までどんな失敗をしたことがありますか。
- ◆ あなたは人の前で恥をかいたことがありますか。
- ◆ あなたはどんなときに顔が真っ赤になりますか。
- ◆ あなたは最近だれからどんなことをしてもらいましたか。

VOCABULARY

ミス	미스, 실수	笑わらう	웃다
エピソード	에피소드	泣なく	울다
過あやまち	실수, 잘못	役やくに立たつ	도움이 되다
大失敗だいしっぱい	큰 실수	克服こくふくする	극복하다
注意点ちゅういてん	주의점	涙なみだを流ながす	눈물을 흘리다
実話じつわ	실화	迷惑めいわくをかける	폐를 끼치다
成功せいこう	성공		
教訓きょうくん	교훈	みじめ	비참함
		苦にがい	씁쓸하다
謝あやまる	사과하다	やばい	[속어] 위험하다 (좋지 않은 상황이 예측되는 모양)
失望しつぼうする	실망하다		
隠かくす	숨기다	情なさけない	한심하다
困こまる	곤란하다	要領ようりょうが悪わるい	요령이 없다
間違まちがう	틀리다		
勘違かんちがいする	착각하다, 잘못 생각하다		

KANJI

英 꽃뿌리 영
- 음 えい 훈 ―
- 英国 えいこく 영국   英語 えいご 영어

医 의원 의
- 음 い 훈 ―
- 医学 いがく 의학   医者 いしゃ 의사

姉 손윗누이 자
- 음 し 훈 あね
- 姉妹 しまい 자매   お姉ねえさん 누나, 언니

注 부을 주
- 음 ちゅう 훈 そそ(ぐ)
- 注意 ちゅうい 주의   注文 ちゅうもん 주문

青 푸를 청
- 음 せい 훈 あお(い)
- 青年 せいねん 청년   青空 あおぞら 파란 하늘

うきうき にほんご

LESSON 17

학습목표
다툼에 관해 이야기하기

ケンカ

주요문형 1 夫婦によって違うと思います。

주요문형 2 プライドを傷つけられたりします。

주요문형 3 それ、どういう意味ですか。

주요문형 4 佐藤さんに会社辞められてパニックになっています。

주요문형 5 聞いた話では彼が部長に口答えしたらしいんです。

DIALOGUE 1

- 姜さん、韓国人は夫婦喧嘩をよくしますか。
- もちろん同じ人間ですからケンカぐらいはしますよ。
- どんな時にケンカをするんですか。
- それも夫婦によって違うと思いますけど、プライドを傷つけられたり、自分が気に入らないことされたりしたら言い合いになったりしますね。親がそうでしたから。
- 最近は日本でも女性が強くなってきていますから、かかあ天下の家庭も結構多いそうですよ。
- かかあ天下？ それ、どういう意味ですか。
- 夫が妻の尻に敷かれるという意味ですよ。
- ハハハ。それは韓国も同じですよ。結婚したら私もそうなるかも。
- うーん。僕は強すぎる女性は苦手だな。

단어　夫婦喧嘩ふうふげんか 부부 싸움 ｜ プライド 자존심, 프라이드 ｜ 傷きずつける 상처 입히다 ｜ 気にいる 마음에 들다 ｜ 言い合あい 말다툼 ｜ かかあ天下でんか 남편을 꽉 잡고 사는 아내 ｜ 尻しりに敷しく 아내가 남편을 우습게 봐 마음대로 휘두르다

EXERCISE

1

A: 朴さんは昼ごはんはいつもどんな物を食べているんですか。
B: そうですね。日によって違いますけど、だいたいサンドイッチを食べることが多いです。

1. 出掛けるとき、どんな服装で出掛ける / 気分、ジーンズをはく
2. 試験勉強、どこでしている / 場合、市立図書館でする
3. 長期休暇の時、何をして過ごしている / 季節、温泉に行く

2

私は昨日、地下鉄の中で男性に足を踏まれました。

1. 教室の中、同級生、いじめる
2. 地下鉄の中、すり、財布をする
3. 道ばた、痴漢、お尻を触る

3

A: 田中さん、「はしご酒」という言葉はどういう意味ですか。
B: あ、それは飲み会などで「2次会、3次会まで行ってお酒を飲む」という意味ですよ。

1. タメ / 同い年
2. 寿司のねた / お寿司の材料
3. リバーシブルジャンパー / 裏返しても着られるジャンパー

단어 | 服装ふくそう 복장 | ジーンズ 청바지 | 試験しけん 시험 | 市立しりつ 시립 | 長期休暇ちょうききゅうか 장기 휴가 | 季節きせつ 계절 | 足あしを踏ふむ 발을 밟다 | 同級生どうきゅうせい 동급생 | いじめる 괴롭히다 | すり 소매치기 | する 소매치기하다 | 道みちばた 길가 | 痴漢ちかん 치한 | お尻しり 엉덩이 | 触さわる 만지다 | はしご酒ざけ 장소를 옮겨가며 술을 마심 | 2次会にじかい 2차 | タメ 동갑 | 同おない年どし 동갑 | 寿司すし 초밥 | ねた 재료 | リバーシブルジャンパー 양면 점퍼 | 裏返うらがえす 뒤집다

DIALOGUE 2

- 高橋さん、うちの部署の佐藤さんに会社辞められて今、部署がパニックになっているんです。
- どうして辞めちゃったんですか。
- 実は部長と大喧嘩をしてしまって。
- でも、大喧嘩した理由は何だったんですか。
- 聞いた話では、部長にしかられている部下をかばって彼が部長に口答えしたらしいんです。
- たぶん普段から部長に対して不満があったんでしょうね。
- それにしても仕事のできる佐藤さんがいないと部署が回らないんですよ。
- 会社でも友達関係でも、喧嘩だけはしたくないですね。
- 本当。私たちはいつまでも仲いい友達でいましょうね。

단어　パニック 혼란 상태 | 大喧嘩おおげんか 큰 싸움 | 理由りゆう 이유 | かばう 감싸다 | 口答くちごたえする 말대꾸하다 | 普段ふだん 평소 | 不満ふまん 불만 | それにしても 그렇다 치더라도, 그렇다 해도 | 回まわる 돌아가다

EXERCISE

1

高３の時、父に死なれて、大学に行けなくなりました。

1. 会社から帰る時、雨が降る、服がぬれる
2. 昨日の夕方、近所の子供たちが遊びに来る、勉強ができない
3. 地下鉄に乗った時、うちの子が泣く、途中で降りる

2

韓国のキムチは世界中で食べられています。

1. 英語やスペイン語、世界中で使う
2. 日本の富士山、外国でも知る
3. モーターショー、今東京で行う

3

A: 金さん、どうして離婚したんですか。
B: 聞いた話では、旦那さんが浮気をしたそうなんです。

1. 入院する / 大きな手術を受ける
2. ギブスをしている / 足の骨を折る
3. ご飯を食べない / 今ダイエット中だ

단어 ぬれる 젖다 | 夕方ゆうがた 저녁 | 世界中せかいじゅう 전 세계 | 離婚りこん 이혼 | 旦那だんなさん 남의 남편 | 浮気うわき をする 바람을 피우다 | ギブス 깁스 | 骨ほねを折おる 뼈가 부러지다

PHRASE

1 〜れる・〜られる

수동형 「〜れる・〜られる」는 나 또는 제삼자가 어떤 행동의 영향을 받음을 나타내며, 「〜に」 앞에 오는 사람이 동작주가 된다.

- 예 先輩が私をたたいた。→ 私は先輩にたたかれた。
  どろぼうは私のかばんをぬすんだ。→ 私はどろぼうにかばんをぬすまれた。

2 どういう意味ですか

「どういう意味ですか」는 모르는 단어에 대해서 '무슨 뜻입니까?'라고 물어볼 때 사용하는 표현이다. 「何の意味ですか」라고도 할 수 있으나 「どういう意味ですか」보다 사용 빈도가 낮다.

- 예 A:「あかん」という言葉はどういう意味ですか。
  B: それは大阪弁で、「だめ」という意味です。

3 자동사의 수동형

'자동사의 수동형'은 동작주의 행동이나 행위가 피해를 주는 경우에 사용된다.

- 예 (외출을 하고 싶었는데) 昨日雪に降られてしまいました。
  (내가 먼저 목욕하고 싶었는데) 主人に先にお風呂に入られてしまいました。

4 聞いた話では

「聞いた話では」는 '들은 이야기로는'이라는 뜻으로, 「聞いた話によれば」, 「聞いたところによると」도 가능하다.

5 仕事ができる

「仕事ができる」의 「できる」는 가능형으로 보이지만 '일을 할 수 있다'가 아니라 '일을 잘하다'의 뜻으로 사용되었다. 「勉強ができる」도 마찬가지로 '공부를 잘하다'의 뜻이다.

- 예 彼は仕事ができる人なので人より早く昇進しました。
- cf. 今日は忙しくて仕事ができません。

FREE TALKING

다음 질문을 하고 상대방의 대답을 적어 보세요.

- あなたは親子ゲンカや兄弟ゲンカをしますか。
- 最近だれとどんなケンカをしましたか。
- 知らない人とケンカをしたことがありますか。
- 友達や家族とケンカした場合、どうやって仲直りしますか。

VOCABULARY

親子喧嘩 おやこげんか	부모 자식 간의 다툼	たたく	때리다
兄弟喧嘩 きょうだいげんか	형제 간의 다툼	なぐる	(주먹으로) 때리다
口喧嘩 くちげんか	말다툼	とめる	말리다
仲直 なかなおり	화해	頭 あたまに来 くる	열받다
原因 げんいん	원인	恨 うらむ	원망하다
結果 けっか	결과	争 あらそう	다투다, 싸우다
意見 いけん	의견	悔 くやむ	후회하다
主張 しゅちょう	주장	気 きにする	신경쓰다, 걱정하다
解決 かいけつ	해결		
勝 かつ	이기다	悔 くやしい	분하다, 억울하다
負 まける	지다	はがゆい	속이 타다, 답답하다
ケンカを売 うる	싸움을 걸다	残念 ざんねん	유감스러움, 아쉬움, 안타까움
ケンカを買 かう	걸어온 싸움에 상대하다	気 きまずい	찜찜하다, 어색하다

KANJI

画 그림 화 / 그을 획
- 음 かく・が 훈 —
- 計画 けいかく 계획　映画 えいが 영화

泳 헤엄칠 영
- 음 えい 훈 およ(ぐ)
- 水泳 すいえい 수영　平泳 ひらおよぎ 평영

界 지경 계
- 음 かい 훈 —
- 限界 げんかい 한계　世界 せかい 세계

計 셀 계
- 음 けい 훈 はか(る)
- 計算 けいさん 계산　時計 とけい 시계

急 급할 급
- 음 きゅう 훈 いそ(ぐ)
- 急 きゅうに 갑자기　急 いそぐ 서두르다

うきうき にほんご

LESSON 18

학습목표
컴퓨터와 인터넷에 관해 이야기하기

パソコンとインターネット

1. ショッピングはもちろん、電話もします。
2. それをやめさせるために治療センターに入れます。
3. 昔はパソコンみたいな物はありませんでした。
4. 僕はパソコン音痴です。
5. それは、ちょっと…。考えてみます。

DIALOGUE 1

- 最近、姜さんは家でもネットをしますか。
- おかげさまでショッピングはもちろん、ネットで韓国の親に電話もできるようになりましたよ。
- それはよかったですね。
  ところで、最近韓国でもネット中毒になっちゃう子供が多いと聞いたんですけど、本当ですか。
- そうなんです。オンラインゲームにはまって一日中ゲームばかりしている子供も多いそうで、それをやめさせるために親が治療センターに入れる場合もあるそうですよ。
- いやー、怖い世の中になりましたね。昔はパソコンみたいな物はなかったから外で走り回ったり、遊んだり、虫をとったり。あの頃はみんな無邪気だったな。
- そうですね。よく考えてみれば今より家族の会話も多かったですよね。
  昔が懐かしいな。

단어　オンラインゲーム 온라인 게임 | 一日中いちにちじゅう 하루 종일 | 治療ちりょう 치료 | 世よの中なか 세상 | 走はしり回まわる 뛰어다니다 | 虫むしをとる 벌레를 잡다 | 無邪気むじゃき 순진함, 천진난만함 | 懐なつかしい 그립다

1

バラの花は誕生日はもちろん、出産祝いや結婚祝いにも最適です。

1. ビタミンC、風邪、健康維持、肌、効果的だ
2. きゅうり、サラダ、つけもの、パック、使われる
3. このカード、バス、地下鉄、有料道路、利用できる

2

A: うちの妹、運転免許を持っていないんですよ。
B: それじゃ、運転免許を取らせたらどうですか。

1. 息子、毎日遅刻する / 30分早く起きる
2. 夫、最近太ってきた / フィットネスクラブに通う
3. 娘、ミニスカートをはきたがっている / ミニスカートをはく

3

今日みたいな暑い日は帽子が必需品です。

1. 電子手帳、パソコンは持ち運びに便利だ
2. 彼、内気な性格には金さんがぴったりだ
3. 嘘、本当の話はあるものだ

단어　バラ 장미 | 出産祝しゅっさんいわい 출산 축하 | 最適さいてき 최적 | 風邪かぜ 감기 | 維持いじ 유지 | 肌はだ 피부 | 効果的こうかてき 효과적 | きゅうり 오이 | つけもの 절임 | パック 팩 | 有料道路ゆうりょうどうろ 유료 도로 | 必需品ひつじゅひん 필수품 | 電子手帳でんしてちょう 전자수첩 | 持もち運はこびに便利べんり 들고 다니기에 편리함 | 内気うちき 내성적 | ぴったり 딱

DIALOGUE 2

🧑‍🦰 高橋さんはネットする時、主にどんなサイトに入るんですか。

👨 そうですね。新聞のサイトとか自分のブログとかによく入ります。

🧑‍🦰 わー、自分でブログもやっているんですか。すごいですね。私はパソコン音痴だから、デジカメの写真もろくにパソコンに移せないんですよ。

👨 簡単ですよ。今度、僕が教えてあげますよ。

🧑‍🦰 わー、感激！いつですか。いつ教えてくれるんですか。今度の日曜日？ 私、お弁当とビール持って高橋さんの家に遊びに行きますよ。

👨 ちょっと待ってください。まだ僕の家で教えるとは言っていないですよ。まったく、姜さんは気が早いんだから、もう。

🧑‍🦰 それなら私の家に来て教えてくれますか。おいしい料理、ごちそうしますよ。

👨 それは、ちょっと…。考えてみます。

단어　主 おもに 주로　│ 自分 じぶん 자기　│ 音痴 おんち 음치　│ ろくに 제대로　│ 移 うつす 옮기다　│ 感激 かんげき 감격　│ ごちそうする 대접하다

EXERCISE

1

私はネット音痴だからあまりインターネットはしません。

1. 方向、知らない所には一人で行かない
2. 運動、スポーツはしない
3. 味、料理は作らない

2

田中さんは帰国子女なので簡単な漢字もろくに書けません。

1. 運転経歴が短い、縦列駐車、できない
2. ショックなことがあった、ご飯、食べない
3. お酒に弱い、ビール、飲めない

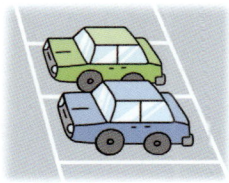

3

A: 今日夕ご飯でも一緒にどうですか。
B: 今日はちょっと…。約束があるんです。

1. お酒でも一杯 / お酒、アルコールに弱い
2. 来週映画でも一緒に / 来週、海外出張に行かなければならない
3. 今度一緒にカラオケにでも / カラオケ、歌が苦手だ

단어 | 方向 ほうこう 방향 | 帰国子女 きこくしじょ 귀국 자녀 | 経歴 けいれき 경력 | 縦列駐車 じゅうれつちゅうしゃ 평행 주차 | ショック 쇼크 | 一杯 いっぱい 한 잔

PHRASE

1 〜はもちろん

「〜はもちろん」은 '〜는 물론'이라는 뜻으로「〜はもちろんのこと」도 같은 뜻이다.

> 예　私は自動車保険はもちろんのこと、生命保険や地震保険にも入っています。

2 사역형

사역형으로 만들려면, 5단동사는 어미를 あ단으로 바꾼 후 せる를 붙이고, 1단동사는 る를 させる로 바꾼다.「くる」의 사역형은「こさせる」,「する」의 사역형은「させる」이다.

> 예　息子を留学させるつもりです。
> 　　息子に留学をさせるつもりです。

3 〜みたいだ

「〜みたいだ」는「〜ようだ」와 비슷한 뜻으로, 주로 회화에서 쓰는 말이다. 단, 활용하는 방법이「〜ようだ」와 약간 다르므로 주의한다.

> 예　あの人は学生みたいです。
> 　　今日は昨日よりすずしいみたいです。
> 　　祖父は思ったより健康みたいです。
> 　　田中さんはビールも飲むみたいです。

4 音痴

「音痴」는 원래 '소리의 감각이 둔하고 정확하게 노래할 수 없다'라는 뜻이지만, 거기서 파생되어서 특정한 감각이 둔하다는 의미로도 쓰인다.

> 예　·運動音痴　　·方向音痴　　·味音痴

5 ろくに

「ろくに」는 '제대로'라는 뜻으로, 뒤에 부정형이 온다.

> 예　数日間ご飯らしいご飯はろくに食べていない。

FREE TALKING

다음 질문을 하고 상대방의 대답을 적어 보세요.

- ◆ あなたはどんな時にパソコンを使いますか。
- ◆ あなたはインターネットをする時、主にどんなサイトに入りますか。
- ◆ あなたがよく見るサイトやホームページやブログを紹介してください。
- ◆ あなたは一週間にどのぐらいインターネットをしていますか。

VOCABULARY

□ メールアドレス	메일 주소
□ パスワード	패스워드
□ メール交換こうかん	메일 교환
□ 通信つうしん	통신
□ 個人情報こじんじょうほう	개인 정보
□ ネットワーク	네트워크
□ ファイル	파일
□ 転送てんそう	전송
□ 作成さくせい	작성
□ 保存ほぞん	보존
□ 画面がめん	화면
□ 中毒者ちゅうどくしゃ	중독자
□ 動画どうが	동영상
□ 入力にゅうりょく	입력
□ 加入かにゅう	가입

□ 契約けいやく	계약
□ 初心者しょしんしゃ	초보
□ 料金りょうきん	요금
□ メールを開ひらく	메일을 열다
□ 閉とじる	닫다
□ つける	켜다
□ 消けす	끄다
□ 届とどく	도착하다
□ CDを焼やく	CD를 굽다

KANJI

度 법도 도
- 음 たく・ど 훈 たび
- 一度 いちど 한 번   今度 こんど 이번, 다음번

思 생각 사
- 음 し 훈 おも(う)
- 思おもい出だす 생각나다   意思いし 의사

洗 씻을 세
- 음 せん 훈 あら(う)
- 洗濯 せんたく 빨래   洗あらう 씻다

首 머리 수
- 음 しゅ 훈 くび
- 首相 しゅしょう 수상   首くび 목

乗 탈 승
- 음 じょう 훈 の(る)
- 乗車 じょうしゃ 승차   乗のり物もの 탈것

LESSON	학습목표 어학에 관해 이야기하기

語学

주요문형1 確かにそうですけど、耐えられるか不安ですよ。

주요문형2 学校に通えば英語で話せられます。

주요문형3 その方法で日本語を覚えたんじゃないでしょうね。

주요문형4 マスターしたとは言えないですけど、努力しました。

주요문형5 違う国の言葉ができたら言うことないんですけど。

주요문형6 やっぱり韓国語に興味がありますね。

DIALOGUE 1

- 姜さん、どうやったら英語がうまくなるでしょうね。
- やっぱり現地に行って学校に通うのが一番の近道じゃないですか。
- 確かにそうですけど、外国に行ったらお金もかかるし、孤独だし、耐えられるか不安ですよ。
- でも英語圏の学校に通えば、無理やりにでも英語で話させられるし、学校の宿題もさせられるから、英語の実力が短期間でぐーんと上がっていきますよ。
- そうですけどね。うーん、でも僕やっぱり日本の英会話教室に通いますよ。時間はかかるだろうけど。
- それなら良い方法教えましょうか。外人の彼女を作ればいいんですよ。
- まさか姜さんもその方法で日本語を覚えたんじゃないでしょうね。
- …。

단어　現地げんち 현지 ｜ 近道ちかみち 지름길 ｜ 確たしかに 확실히, 분명히 ｜ 孤独こどく 고독함 ｜ 耐たえる 견디다 ｜ 英語圏えいごけん 영어권 ｜ 無理むりやりに 억지로 ｜ 短期間たんきかん 단기간 ｜ ぐんと 쭉, 훨씬, 한층 ｜ 上あがる 오르다 ｜ 方法ほうほう 방법 ｜ 外人がいじん 외국인

1

A: 田中部長という方はとてもワンマンですよね。
B: 確かにそうですけど、彼は情が厚いですよ。

1. 鈴木先生、とても厳しい / 普段は優しい
2. 佐藤課長、頑固だ / 仕事は人一倍できる
3. 李主任、怒ったら怖い / 彼はお酒を飲むときは気前がいい

2

昨日、社長にソウルに出張に行かされました。

1. 昨日の晩、金先生、カラオケで歌を歌う
2. 今日、金先輩、朴さんと手をつなぐ
3. 今日の朝礼の時、担任の先生、全校生の前でスピーチする

3

A: 何だか右のお腹が痛いんです。
B: まさか盲腸になったんじゃないでしょうね。

1. 昨日不吉な夢を見た / 今日悪いことが起こる
2. 最近彼から連絡がない / ふられた
3. 最近近所のおばあちゃんを見かけない / 家で寝込んでいる

단어　ワンマン 독재적인 사람 | 情じょうが厚あつい 정이 많다 | 厳きびしい 엄하다 | 優やさしい 자상하다, 상냥하다 | 頑固がんこ 완고함 | 人一倍ひといちばい 남보다 배나 | 主任しゅにん 주임 | 気前きまえがいい 통이 크다 | 手てをつなぐ 손을 잡다 | 朝礼ちょうれい 조례 | 担任たんにん 담임 | 全校生ぜんこうせい 전교생 | スピーチ 스피치 | 盲腸もうちょう 맹장염 | 不吉ふきつ 불길함 | 連絡れんらく 연락 | 見みかける 눈에 띄다 | 寝込ねこむ 병석에 눕다

DIALOGUE 2

- 姜さんはどうやって日本語をマスターしたんですか。
- いえ、まだマスターしたとは言えないですけど、高校時代からアニメを見たりしながら、常に日本語に接するように努力していましたよ。
- 姜さんほど日本語をきれいに話せる人はいませんよ。
- そんなことないですよ。私よりうまく話せる人はざらにいますよ。
- 本当にうらやましいな。僕も一つだけでもいいから違う国の言葉ができたら言うことないんですけど。
- 今からでも遅くないですよ。どこの国の言葉が習いたいですか。
- やっぱり韓国語に興味がありますね。
- じゃ、今日から私がみっちりスパルタ式で教えますよ。
- あー、それはごめんです。

단어　マスターする 마스터하다 | 常（つね）に 항상 | 接（せっ）する 접하다 | ざら 흔함, 쌔고 쌤 | 言うことない 더할 나위 없다 | 遅（おそ）い 늦다 | 国（くに） 나라 | みっちり 착실히, 철저히 | スパルタ式（しき） 스파르타식 | ごめん 질색, 싫음

EXERCISE

1

A: 金さん、社会的に成功してよかったですね。
B: まだ成功したとは言えないですけど、私の名前が知られるようになりました。

1. たくさんやせた / 完全にやせた、10年前のスカートがはける
2. スカッシュがうまくなった / 完璧だ、やっと安定したフォームで打てる
3. 手術が無事に終わってよかった / 治った、普通に歩ける

2

A: 最近暑いですね。
B: 今年の夏がもう少し涼しかったら言うことないんですけどね。

1. 日本語能力試験2級に合格した / もう少し点数が高い
2. 田中さんの息子さん背が高い / もう少し肉が付く
3. 新しい家を建てた / あとはここに来てくれるお嫁さんがいる

3

A: 鈴木さんはスポーツの中で何に興味がありますか。
B: 私は陸上に興味があります。

1. 韓国の観光地、どこ / 慶州
2. 芸能人、だれ / 木村拓哉
3. 大学の学部、どの学部 / 経営学部

단어 成功せいこう 성공 | 完全かんぜんに 완전히 | 完璧かんぺき 완벽함 | 安定あんていする 안정되다 | フォーム 폼 | 打うつ 치다 | 無事ぶじに 무사히 | 治なおる 낫다 | 2級にきゅう 2급 | 点数てんすう 점수 | 肉にくが付つく 살이 붙다 | 建たてる (건물을) 짓다, 세우다 | お嫁よめさん 며느리, 결혼 상대의 여성 | 陸上りくじょう 육상 | 観光地かんこうち 관광지 | 木村拓哉きむらたくや 기무라 다쿠야 | 学部がくぶ 학부 | 経営学部けいえいがくぶ 경영학부

1 確かにそうですけど

「確かにそうですけど」는 상대방의 의견에 일단 동의하면서 자기 의견을 말할 때 쓰는 말이며, 「それはそうですけど」보다 상대방의 의견에 동의하는 의미가 강하다. 「確かに」라고만 하면 상대방의 의견을 전적으로 인정하는 뜻이 된다.

> 예 A：最近金さん、きれいになりましたよね。
> B：確かに。好きな人でもできたんじゃないですか。

2 사역수동형

사역수동형은 자기의 의지와 상관없이 남에 의해 강제로 하게 된 동작을 나타낼 때 사용하며, 「～に」앞에는 강제로 시킨 사람이 들어간다. 「はなす」와 같이「～す」로 끝나는 동사는 「はなさされる」보다「はなさせられる」와 같이 쓰는 것이 일반적이다.

> 예　大学祭の時、先輩にお酒をたくさん飲まされました。
> 担任の先生に嫌いなチーズを食べさせられました。
> 英語の先生に単語を暗記させられました。

3 ～んじゃないでしょうね

「～んじゃないでしょうね」는 '～인 것은 아니겠죠?'라는 뜻으로, 앞에「まさか(설마)」라는 부사가 들어가는 경우가 많다.

> 예　今日はとても寒いけど、まさか道路が凍るんじゃないでしょうね。
> あの子、大学生に見えるけど、まさか高校生なんじゃないでしょうね。

4 ～とは言えないけど

「Aとは言えないけど」는 'A라고는 할 수 없지만'이라는 뜻이며, A라는 수준까지는 이르지 못했으나 그것에 가까운 수준까지 도달했다고 할 때 사용한다.

> 예　まだ秋になったとは言えないけど、かなり涼しくなってきた。
> 父は健康だとは言えないけど、大きな病気になったことはない。

5 言うことない

「言うことない」는 '더할 나위 없다'라는 뜻으로, 더 이상 원할 것이 없을 정도로 만족스러움을 나타낸다.

> 예　うちの娘、もう少し勉強ができれば私も言うことないんですけどね。
> ガソリン代がもう少し安ければ言うことないんですけど。

FREE TALKING

다음 질문을 하고 상대방의 대답을 적어 보세요.

- あなたはどんな語学ができますか。
- 語学を勉強するとき一番重要なのは何ですか。
- あなたは日本語をいつから習っていますか。
- 日本語の中で一番難しい点は何ですか。

VOCABULARY

☐ 単語帳 たんごちょう	단어장	☐ 理解 りかい	이해
☐ 語学研修 ごがくけんしゅう	어학 연수	☐ 読よみ書かき	읽기와 쓰기
☐ 費用 ひよう	비용	☐ 反復 はんぷく	반복
☐ 学費 がくひ	학비	☐ 感覚 かんかく	감각
☐ 塾 じゅく	학원		
☐ 月謝 げっしゃ	수업료	☐ 続つづける	계속하다
☐ ネイティブスピーカー	원어민	☐ 続つづく	계속되다
☐ 発音 はつおん	발음	☐ 繰くり返かえす	반복하다
☐ アクセント	악센트	☐ 申もうし込こむ	신청하다
☐ イントネーション	억양	☐ 熱中ねっちゅうする	열중하다
☐ 文章 ぶんしょう	문장	☐ 真似まねる	흉내내다
☐ 聞きき取とり	듣기		
☐ 読解 どっかい	독해		
☐ 文法 ぶんぽう	문법		
☐ 解釈 かいしゃく	해석		

19 語学 159

KANJI

室 집 실
- 음 しつ 훈 (むろ)
- 会議室 かいぎしつ 회의실   教室 きょうしつ 교실

洋 큰 바다 양
- 음 よう 훈 ―
- 洋服 ようふく 양복   太平洋 たいへいよう 태평양

映 비칠 영
- 음 えい 훈 うつ(る)・は(える)
- 映画 えいが 영화   反映 はんえい 반영

屋 집 옥
- 음 おく 훈 や
- 家屋 かおく 가옥   部屋 へや 방

者 놈 자
- 음 しゃ 훈 もの
- 医者 いしゃ 의사   患者 かんじゃ 환자

うきうき にほんご

LESSON 20

학습목표
비즈니스 관련 회화 배우기

ビジネス

주요문형 1　こちらでございます。

주요문형 2　ただいまお包み致しますので少々お待ち下さい。

주요문형 3　いつごろ東京にお戻りになるんですか。

주요문형 4　お戻りになったら、その時伺わせていただきます。

DIALOGUE 1

- いらっしゃいませ。
- すいません。有機栽培のコーヒー豆、ありますか。
- あ、はい。こちらでございます。
- この店のおすすめはありますか。
- はい。このエクアドルのコーヒー豆はいかがでしょうか。かなりお買得になっております。
- じゃ、これを4袋ください。
- はい、かしこまりました。
  ただいまお包み致しますので少々お待ち下さい。
  お待たせ致しました。2500円でございます。
  はい、一万円からお預かり致します。
  それでは、7500円のお返しでございます。
  ありがとうございました。

단어　**有機栽培**ゆうきさいばい 유기 재배 | **豆**まめ 원두, 콩 | **〜でございます**「です」의 정중어 | **おすすめ** 추천할 만한 것 | **お買得**かいどく 저렴한 가격의 물건 | **袋**ふくろ 봉지 | **かしこまりました** 알겠습니다 | **ただいま** 지금 | **包**つつむ 포장하다 | **致**いたす 「する」의 겸양어 | **お返**かえし 거스름돈

1

あちらに見える<u>タワー</u>が<u>Nソウルタワー</u>でございます。

1. 川、漢江
2. 王宮、景福宮
3. 村、民俗村

2

ただいま<u>社長をお呼び</u>致しますので少々お待ち下さい。

1. 担当の者につなげる
2. とりざらを持つ
3. 袋に入れる

3

ただいま<u>ご確認</u>致しますのでもうしばらくお待ち下さい。

1. 車を手配する
2. 会計する
3. 部屋を用意する

단어 　王宮おうきゅう 왕궁 ｜ 村むら 촌, 마을 ｜ 担当たんとうの者もの 담당자 ｜ つなげる 연결하다 ｜ とりざら 음식을 덜어 담는 작은 접시 ｜ 確認かくにん 확인 ｜ 手配てはいする 수배하다, 준비하다 ｜ 会計かいけいする 계산하다 ｜ 用意よういする 준비하다

DIALOGUE 2

(강 씨가 A사 다나카의 휴대폰으로 전화를 건다.)

🙎 はい、田中です。

🙍 あ、いつもお世話になっております。日本建設の姜です。

🙎 あ、どうも。こちらこそいつもお世話になっています。
僕、今出張で大阪に来ているんですよ。

🙍 あ、そうですか。
お会いしてお話したいことがあるんですが、
いつごろ東京に お戻りになる んですか。

🙎 あさってになると思います。

🙍 お戻りになったら、またその時 伺わせていただきます 。

🙎 はい、わかりました。

🙍 それでは、失礼致します。

🙎 はい、それじゃ、失礼します。

단어　お世話せわになる 신세를 지다 ｜ 建設けんせつ 건설 ｜ こちらこそ 저야말로 ｜ 戻もどる 돌아오다, 돌아가다 ｜ 伺うかがう '듣다, 묻다, 찾다, 방문하다'의 겸양어 ｜ 失礼しつれい 실례

1

A: ご主人は毎日何時頃お帰りになるんですか。
B: だいたい10時ごろ帰ります。

1. 課長、何時頃会議室に入る / 5分後に
2. 金さん、何時頃空港に着く / 午後4時頃
3. 田中さんのお宅のテレビ、どこのメーカーのを使っている / SONY

2

A: 先生、たまに運動なさいますか。
B: はい、たまにします。

1. 社長、昼食は何を食べる / ウナギどんぶりを食べる
2. 部長、いつB社に電話する / 明日までに電話する
3. 係長、東京にいつごろ来る / 一ヶ月後に来る

3

明日サンプルを送らせていただきます。

1. 私の自己紹介をする
2. 会議の結果を報告する
3. 私の18番を一曲歌う

단어 会議室かいぎしつ 회의실 | ウナギどんぶり 장어덮밥 | サンプル 샘플 | 自己紹介じこしょうかい 자기소개 | 結果けっか 결과 | 報告ほうこくする 보고하다 | 18番ばん 18번 | 一曲いっきょく 한 곡

PHRASE

1 겸양어와 존경어

동사	겸양어	존경어	존경어(~られる형)
行く	参ります(参る)	いらっしゃいます(いらっしゃる)	行かれる
来る		おいでになります(おいでになる)	来られる
いる	おります(おる)		いられる
する	いたします(いたす)	なさいます(なさる)	される
言う	申します(申す)	おっしゃいます(おっしゃる)	言われる
見る	拝見します(拝見する)	ご覧になります(ご覧になる)	見られる
食べる	いただきます(いただく)	召し上がります(召し上がる)	食べられる
飲む			飲まれる
会う	お目にかかります(お目にかかる)	お会いになります(お会いになる)	会われる
寝る	없음	お休みになります(お休みになる)	寝られる
知る	存じます(存じる)	ご存じです(ご存じだ)	없음
聞く(묻다)	伺います(伺う)	お聞きになります(お聞きになる)	聞かれる
訪ねる(방문하다)		お訪ねになります(お訪ねになる)	訪ねられる

2 お[ご]+동사 ます형+する

'~하겠습니다, ~해 드리겠습니다'의 뜻으로 자신의 언행을 낮추어 표현하는 말이다.

3 お[ご]+동사 ます형+になる

'~하시다'의 뜻으로 상대방이나 손윗사람을 높이는 표현이다.

4 사역형+ていただく

'~하겠습니다'라는 뜻으로, 상대방에게 허락받고 자신이 하고자 하는 행위를 하겠다는 표현이다.

> 예 先生、申し訳ないですが、明日欠席させていただきます。
> 明日電話一本入れさせていただきます。

FREE TALKING

다음 질문을 하고 상대방의 대답을 적어 보세요.

- ◆ あなたはどんなビジネスがしてみたいですか。
- ◆ ビジネスマンに必要なことは何だと思いますか。
- ◆ 会社生活で大変なことは何だと思いますか。
- ◆ お金をかけないでできるビジネスがありますか。

VOCABULARY

商売しょうばい	장사
収入しゅうにゅう	수입
事務所じむしょ	사무실
信用しんよう	신용
信頼しんらい	신뢰
工場こうじょう	공장
事業じぎょう	사업
経営けいえい	경영
運営うんえい	운영
産業さんぎょう	산업
上役うわやく	상사
株式会社かぶしきがいしゃ	주식회사
独立どくりつ	독립
退職金たいしょくきん	퇴직금
年金ねんきん	연금

信しんじる	믿다
疑うたがう	의심하다
我慢がまんする	참다
足たりる	족하다
足たりない	부족하다
覚悟かくごする	각오하다
平凡へいぼん	평범함
合理的ごうりてき	합리적
積極的せっきょくてき	적극적
消極的しょうきょくてき	소극적

| 音 소리 음 | 음 (いん)・おん　훈 おと
音楽 おんがく 음악　発音 はつおん 발음 |

| 昼 낮 주 | 음 ちゅう　훈 ひる
昼食 ちゅうしょく 중식　昼 ひるごはん 점심 |

| 重 무거울 중 | 음 じゅう・ちょう　훈 おも(い)・かさ(ねる)
体重 たいじゅう 체중　重 おもさ 무게 |

| 持 가질 지 | 음 じ　훈 も(つ)
持参 じさん 지참　気持 きもち 기분, 마음 |

| 茶 차 차 | 음 さ・ちゃ　훈 ―
茶色 ちゃいろ 갈색　緑茶 りょくちゃ 녹차 |

LESSON 1　自己紹介と家族紹介

DIALOGUE 1
다카하시 : 여러분, 처음 뵙겠습니다. 다카하시 유타카라고 합니다.
　　　　　올해 27살이며 자영업을 하고 있습니다.
　　　　　지금 살고 있는 곳은 도쿄 세타가야구이며
　　　　　혼자 살고 있습니다.
　　　　　아직 미혼입니다.
　　　　　취미는 사진을 찍는 것과 프라모델을 만드는 것이고,
　　　　　특기는 안마·마사지입니다.
　　　　　어깨가 결리는 분은 언제든 저에게 얘기하세요.
　　　　　그리고 잘하는 스포츠는 서핑입니다.
　　　　　마지막으로 저의 성격은?이라고 하면
　　　　　명랑활발하다고 생각합니다.
　　　　　아무쪼록 잘 부탁드립니다.

EXERCISE 1
1 지금 살고 있는 곳은 강남구로, 혼자 살고 있습니다.
　1　신촌동, 부모님과 함께 살다
　2　경기도 일산구, 혼자 아파트에 살다
　3　동대문구, 사택에 살다
　4　대전, 학교 기숙사에 살다
　5　도쿄, 하숙하다
　6　오사카, 자취하다

2 제 취미는 영화를 보는 것이고 특기는 일본요리입니다.
　1　음악을 듣다, 마술
　2　게임을 하다, 피아노
　3　우표를 모으다, 일찍 일어나기
　4　드라이브하다, 영어 회화
　5　야구를 관전하다, 노래를 부르는 것
　6　낚시를 하다, 가라테

3 제 성격은?이라고 하면 밝은 성격입니다.
　1　나이, 30살
　2　직업, 경찰
　3　성격, 조용한 성격

DIALOGUE 2
강 : 다카하시 씨의 가족은 몇 명입니까?
다카하시 : 저의 가족이요? 작년에 아버지가 돌아가셔서
　　　　　지금은 어머니, 형, 여동생, 저 이렇게 네 식구입니다.
강 : 아, 그랬군요.
　　그럼 어머니께서는 일하고 계십니까?
다카하시 : 네, 근처 슈퍼마켓에서 파트타이머로 일하고 계십니다.
강 : 아~ 힘드시겠네요.
　　형님과 여동생은 벌써 독립했습니까?
다카하시 : 형은 이미 취직해서 도쿄에 혼자 살고 있고,
　　　　　여동생은 아직 고2입니다.
강 : 그럼 다카하시 씨와 10살이나 차이 나는 거예요?
다카하시 : 뭐 그런 셈이지요.

EXERCISE 2
1 A : 가족은 몇 명입니까?
　　B : 아버지, 어머니, 남동생, 저 이렇게 네 식구입니다.
　1　부모님, 나, 세 식구
　2　아버지, 어머니, 언니(누나), 나, 네 식구
　3　부모님, 언니(누나) 둘, 나, 다섯 식구

2 A : 오빠(형)는 일하고 계십니까?
　　B : 네, 오빠(형)는 도쿄의 상사에서 일하고 있습니다.
　1　아버지 | 아니요, 아버지, 2년 전에 정년퇴직했다
　2　남동생 | 아니요, 남동생, 아직 대학생이다
　3　여동생 | 네, 여동생, 프리터를 하고 있다

3 A : 사모님은 몇 살이십니까?
　　B : 아내는 올해 23살입니다.
　　A : 그럼 8살 차이네요?
　　B : 뭐 그런 셈이지요.
　1　남동생 | 남동생, 13 | 14살
　2　여자 친구 | 여자 친구, 22 | 5살
　3　첫째언니(누나) | 첫째언니(누나), 42 | 17살

FREE TALKING
· 자기소개를 해 주세요.
· 가족소개를 해 주세요.
· 배우나 탤런트, 가수 등을 소개해 보세요.
· 당신은 어떤 성격입니까?

LESSON 2　一日の生活

DIALOGUE 1
강 : 다카하시 씨는 매일 몇 시에 일어나요?
다카하시 : 저는 매일 5시에 일어나요.
강 : 왜 그렇게 일찍 일어나요?
다카하시 : 도시락도 싸야 하고 샤워도 해야 해서 아침은 바쁘거든요.
강 : 점심은 밖에서 먹으면 되잖아요.
다카하시 : 그게, 사내 분위기가 밖에서 먹는 분위기가 아니거든요.
강 : 그렇다면 샤워만이라도 밤에 하면 어때요?
다카하시 : 하지만 아침에 머리를 감아야 해서…….
강 : 왜요?
다카하시 : 아침에 머리를 안 감으면 기분이 찝찝하거든요.

EXERCISE 1
1 A : 왜 등산을 안 가요?
　　B : 숙제도 해야 하고 집에도 가야 해서 바쁘거든요.
　1　회식 | 잔업하다, 볼일을 보다
　2　점심을 먹다
　　 | 우체국에 가서 편지를 부치다, 은행에 가서 돈을 찾다
　3　대학 축제 | 유학 서류를 쓰다, 비행기표 값을 지불하러 가다

2 A : 요즘 3킬로그램이나 살이 쪘어요.
　　B : 그렇다면 다이어트를 하면 되잖아요.
　1　영어 회화를 잘하고 싶다 | 영어 회화 학원에 다니다
　2　요즘 차 상태가 안 좋다 | 한번 점검을 받다
　3　스트레스가 쌓여 있다 | 스트레스 해소를 위해 여행이라도 가다

3 A : 매일 목욕하지 않으면 안 돼요.
　　B : 왜요?

A : 매일 목욕하지 않으면 기분이 찝찝해서요.
1 매일 내가 아이를 재우다 | 내가 있다, 아이가 자지 않다
2 매주 본가(시댁, 친정)에 돌아가다 | 매주 돌아가다, 어머니가 화를 내다
3 매일 잔업하다 | 매일 잔업하다, 일이 안 끝나다

DIALOGUE 2
다카하시 : 강 씨는 대학 수업이 끝나면 보통 무엇을 해요?
강 : 글쎄요. 수업이 끝나면 대체로 아르바이트를 하러 가요.
다카하시 : 어떤 아르바이트를 하고 있어요?
강 : 고기집이라든지 레스토랑이라든지 모스버거 같은 곳에서 하고 있어요.
다카하시 : 그렇게 많이 하고 있어요?
강 : 네, 학비를 내기 위해서는 돈이 드니까요.
다카하시 : 그래요? 힘들겠어요.
강 : 하지만 유학하는 사람들은 다 그렇게 하고 있는 것 같아요.
다카하시 : 모스버거라면 잘 알아요. 저도 옛날에 거기서 아르바이트했었죠.
강 : 어머, 그래요? 공통점이 생겨서 기뻐요.

EXERCISE 2
1 A : 그의 자동차, 멋지네요.
B : 그러게요. 매우 비싸 보이네요.
1 김 씨, (술을) 잘마시다 | (술이) 세다
2 박 씨, 키가 크고 예쁘다 | 인기가 있다
3 사토 씨, 요즘 안색이 좋다 | 건강하다

2 A : 길이 젖어 있군요.
B : 그러게요. 비가 왔었나봐요.
1 사유리가 울고 있다 | 선생님한테 혼났다
2 비상벨이 울리기 시작했다 | 화재가 일어났다
3 불꽃놀이 소리가 들리다 | 어디선가 축제를 하고 있다

3 A : 잠깐 쇼핑하러 갔다 올게요.
B : 쇼핑하러 가는 거라면 빵을 사 오세요.
1 도서관에 갔다 오다 | 도서관에 가다, 이 책을 돌려주다
2 목이 마르다 | 목이 마르다, 뭔가 음료수라도 마시다
3 피곤하다 | 피곤하다, 휴식을 취하다

FREE TALKING
· 당신의 어제 하루에 대해서 이야기해 주세요.
· 어제 점심은 어디서 누구와 어떤 것을 먹었는지 이야기해 주세요.
· 당신은 아르바이트를 한 적이 있습니까?
· 당신이 지금 만약 아르바이트를 한다면 어떤 아르바이트를 해보고 싶습니까?

LESSON 3　好き嫌い

DIALOGUE 1
다카하시 : 강 씨는 가리는 음식이 있습니까?
강 : 네, 있어요. 야채를 좋아하지 않아요.
다카하시 : 야채를 좋아하지 않는다고요?
　　　　　그럼, 육류를 좋아한다는 말이네요?
강 : 맞아요. 매일 고기만 먹어요.
다카하시 : 하지만 매일 고기만 먹으면 몸에 안 좋아요.
강 : 괜찮아요. 매일 비타민제를 먹고 있으니까요.
다카하시 : 비타민제만으로는 안 돼요. 생야채도 먹는 게 좋아요.
강 : 그것도 그러네요. 오늘부터 야채에 도전해 볼게요.
다카하시 : 그게 좋아요. 야채는 만드는 방법에 따라서 맛있게 먹을 수 있으니까요.

EXERCISE 1
1 A : 너무 담배만 피우고 있으면 상사에게 혼나요.
B : 그러네요. 앞으로 조심할게요.
1 술을 마시다, 알코올 의존증에 걸리다
2 텔레비전을 보다, 눈이 나빠지다
3 단것을 먹다, 충치가 생기다

2 A : 요즘 밤에 잠을 못자요.
B : 밤 7시 넘어서 커피는 마시지 않는 게 좋아요.
1 두통이 있다 | 두통약을 먹다
2 여동생과 사이가 나쁘다 | 하지만 싸움은 하지 않다
3 스트레스가 쌓여 있다 | 스트레스는 쌓지 않다

3 A : 이 문제, 어떻게 풀면 돼요?
B : 이 문제를 푸는 방법, 가르쳐 줄게요.
1 이 사전, 사용하다
2 이 용기, 열다
3 일본어, 공부하다

DIALOGUE 2
강 : 다카하시 씨는 좋고 싫은 사람이 있습니까?
다카하시 : 물론 있어요. 사람이니까. 저는 거짓말을 하거나 고집이 센 사람은 매우 싫어요. 강 씨는요?
강 : 저는 사람을 별로 가리지 않는다고 생각해요. 사람의 좋은 점만을 보고 있으면 싫은 점은 그다지 신경 쓰이지 않아요.
다카하시 : 그럼, 강 씨는 외모도 그다지 신경 쓰인 적이 없나요?
강 : 음~, 외모라면 있을지도, 키가 작으면 싫고 숏다리도 싫고 배가 나온 사람도 싫고…….
다카하시 : 결국 좋고 싫은 것이 뚜렷하네요.
강 : 하하하! 듣고 보니 그러네요.

EXERCISE 2
1 A : 박 씨는 좋고 싫은 사람이 있습니까?
B : 물론 있죠. 남의 험담을 하거나 고함을 잘 지르거나 화내는 사람은 아주 싫어요.
1 일을 무책임하게 하다, 성격이 어둡다, 심술궂다
2 남을 비방하다, 무신경하다, 속이 좁다
3 주사가 있다, 약속을 안 지키다, 책임감이 없다

2 A : 다나카 씨는 자기 장래에 대해 걱정된 적이 없나요?
B : 그럼 있죠. 일도 걱정이고 사는 집도 걱정이고 노후도 걱정이고…….
1 자신의 건강 | 혈압도 높다, 감기에도 잘 걸리다, 위장도 안 좋다
2 대학 입시 | 성적도 안 좋다, 학비도 비싸다, 취업난이다
3 나라의 미래 | 물가도 오르고 있다, 망하는 회사도 많다, 실업자도 많다

3 A : 요즘 다나카 씨, 살 빠진 것 같지 않아요?
　B : 듣고 보니 요즘 다나카 씨, 옛날보다 살이 빠졌네요.
　1 김 씨, 기운이 없다
　2 가수, 노래가 능숙해졌다
　3 고등학생, 키가 커졌다

FREE TALKING
· 당신은 가리는 음식이 있습니까?
· 당신은 야채를 자주 먹는 편입니까, 고기를 자주 먹는 편입니까?
· 당신은 어떤 사람을 좋아하고 어떤 사람을 싫어합니까?
· 당신은 사람의 외모의 어떤 점이 신경 쓰입니까?

LESSON 4　将来の夢·希望

DIALOGUE 1
다카하시 : 강 씨는 어릴 적 뭐가 되고 싶었어요?
강 : 저는 치과 의사가 되고 싶었던 적이 있었어요.
다카하시 : 왜 치과 의사가 되고 싶었어요?
강 : 어린 나이임에도 부자가 될 수 있다고 생각했었거든요.
다카하시 : 그래요? 저희 집은 아버지께서 '아이는 아이다운 꿈을 가져라. 그냥 샐러리맨이 되겠다는 생각은 하지 마라'라고 항상 말씀하셨기 때문에, 어릴 때는 케이크 가게 주인이 되고 싶었어요.
강 : 아이다운 귀여운 꿈이네요.
　하지만 꿈과 현실은 다르죠.
다카하시 : 그렇죠?
　결국 저도 샐러리맨이 되고 말았죠.

EXERCISE 1
1 A : 왜 지난주에 출장 안 갔어요?
　B : 갑자기 몸이 안 좋아져서요.
　1 어제 결근했다 | 그저께 밤, 어머니가 입원했다
　2 회사까지 택시로 왔다 | 어제 다리를 다쳤다
　3 회사를 그만뒀다 | 더 좋은 조건의 회사를 발견했다
2 A : 다나카 사장님이 내일 아침 전화를 달라고 했었습니다.
　B : 그렇습니까? 내일 아침 전화를 넣으면 되는 거네요.
　1 다카하시 부장님, 이 팩스를 오후 3시까지 A사에 보내다
　2 스즈키 과장님, 이 서류를 10장씩 복사하다
　3 사토 대리님, 급하니까 택시를 타고 가다
3 아버지가 위험한 장소에는 가지 말라고 항상 말합니다.
　1 어머니, 거짓말은 절대 하다
　2 선생님, 청소를 게을리하다
　3 사장님, 라이벌 회사에는 지다

DIALOGUE 2
강 : 다카하시 씨의 장래 희망은 뭐예요?
다카하시 : 음~, 영어를 더 공부해서 35살까지는 국제무대에서 제 실력을 시험해 보고 싶어요.
강 : 왜 35살이죠?
다카하시 : 나이를 먹으면 체력도 없을 거고 아이도 있을 테니까 며칠이나 집을 비우고 싶지 않아서…….

강 : 와~, 다카하시 씨, 아직 미혼이면서 벌써 아이까지 생각하고 있어요?
다카하시 : 생각이 좀 앞섰갔나? 강 씨의 장래 희망은요?
강 : 저는 열심히 일해서 돈을 모아서 50살 이상이 되면 시골에 내려가 집을 짓고 싶어요.

EXERCISE 2
1 A : 사토 씨는 몇 시까지 출근해야 해요?
　B : 저는 아침 8시까지 출근해야 해요.
　1 리포트, 무슨 요일, 제출하다 | 이번 주 수요일
　2 보고서, 언제, 쓰다 | 내일 아침
　3 스즈키 씨, 몇 월, 도쿄로 이사하다 | 올해 4월
2 이번 주 일요일은 비도 올 거고 길도 막힐 테니까 안 나갈 생각입니다.
　1 올 여름방학, 덥다, 숙제도 많다, 매일 도서관에 가다
　2 내년 설, 부모님도 오다, 친척도 놀러 오다, 같이 온천에라도 가다
　3 노후, 돈에 여유도 없다, 몸도 약해져 있다, 지금부터 열심히 돈을 모으다
3 A : 어제 과음해 버렸어요.
　B : 감기 기운이 있으면서 술을 마셨어요?
　1 요즘, 배가 나왔다 | 아직 20대다
　2 그저께, 막차를 놓쳤다 | 회식이 일찍 끝났다
　3 오늘, 학교에 지각했다 | 학교가 가깝다

FREE TALKING
· 당신은 어릴 적 뭐가 되고 싶었습니까? 또, 이유는 무엇입니까?
· 당신은 지금 꿈이 있습니까?
· 자기 꿈을 실현시키기 위해서 무엇이 필요할까요?
· 당신은 꿈을 실현시키기 위해서 어떤 노력을 하고 있습니까?

LESSON 5　体験

DIALOGUE 1
강 : 다카하시 씨는 '헬스'에 간 적이 있어요?
다카하시 : '헬스'요?
　강 씨, 왜 또 이상한 질문을 하는 거예요?
강 : 이상하다뇨? 다카하시 씨는 체력을 키우거나 몸을 단련하지 않나요?
다카하시 : 그거, '헬스클럽'을 말하는 거 아니에요?
강 : 아~, 일본에서는 '헬스'라고 안 해요?
다카하시 : '헬스'라는 곳은 일본에서는 다른 뜻을 나타내니까 조심하지 않으면 오해 받아요.
강 : 아, 그래요? 앞으로는 조심할게요.
　그런데, 다카하시 씨 손에서 좋은 냄새가 나는데, 뭔가 '스킨'을 사용하나요?
다카하시 : '스킨'? 강 씨, 그것도 '스킨'보다 '로션'이라고 하는 게 좋을 것 같아요. ㅎㅎ

EXERCISE 1
1 A : 일본 라면을 먹은 적이 있어요?
　B : 예, 딱 한 번 먹은 적이 있어요.
　1 유람선을 타다 | 예, 반 년 전에 타 본 적이 있다
　2 형제끼리 싸움을 하다 | 아니요, 지금까지 한 번도 없다

3 테스트에서 만점을 받다 | 아니요, 전혀 없다

2 A : 다나카 씨는 '온돌'이란 말을 알아요?
B : 아~, 일본어로 하면 '유카단보' 말이네요.
1 튀김 | 덴푸라
2 더치페이 | 와리칸
3 시다바리 | 시탓파

3 A : 가게 안에서 좋은 냄새가 나네요.
B : 그러게요. 맛있는 냄새가 나네요.
1 옥상에서, 수상한 소리 | 기묘한 소리
2 이 과일은, 신맛 | 레몬 같은 맛
3 이 점퍼는, 좀 작은 듯한 느낌 | 조금 끼는 듯한 느낌

DIALOGUE 2

다카하시 : 강 씨는 뭔가 무서운 체험을 한 적이 있어요?
강 : 있어요. 4년 전에 도쿄에 가기 위해 비행기를 탔는데,
　　도중에 난류류 때문에 비행기가 심하게 흔들렸어요.
　　비행기가 떨어지는 줄 알았어요.
다카하시 : 비행기는 날씨에 따라 흔들리는 경우가 있으니까요.
강 : 그 후로는 절대 비행기를 타지 않고 있어요.
다카하시 : 그럼, 도쿄까지 갈 때는 어떻게 하고 있어요?
강 : 그때는 서울에서 부산까지 KTX로 가서, 부산에서
　　오사카까지 배로 간 다음, 신칸센으로 도쿄까지 가도록 하고 있어요.
다카하시 : 그런 식으로 하면 돈도 시간도 낭비되잖아요.
강 : 하지만 목숨과는 바꿀 수 없잖아요.

EXERCISE 2

1 A : 한국에서는 가정에 따라서 요리에 굴이나 새우를 사용하는 경우도 있어요.
B : 그래요? 가정에 따라서 요리에 굴이나 새우를 사용하는 경우도 있군요.
1 일본, 인원수, 호텔 숙박료가 배가 되다
2 미국, 주, 법률이 다르다
3 일본, 지방, 하얀 된장을 사용하기도 하고 붉은 된장을 사용하기도 하다

2 A : 저는 일주일에 한 번은 집사람과 외식을 하도록 하고 있어요.
B : 와~, 일주일에 한 번은 외식을 합니까? 부럽습니다.
1 매주 친정(시댁)에 가다
2 1년에 두 번은 해외여행을 하다
3 3년에 한 번은 새 차로 바꾸다

3 A : 나는 매일 아침 조깅을 하도록 하고 있어요.
B : 매일 아침 조깅하는 것은 힘들지 않아요?
1 매일 만보 이상 걷다
2 매일 아침 5시에 일어나다
3 매일 밤 일기를 쓰다

FREE TALKING

· 당신은 운동을 위해서 돈을 내고 어딘가에 다닌 적이 있습니까?
· 당신은 몸을 단련하기 위해서 뭔가 하고 있습니까?
· 당신은 과거에 무서운 체험을 한 적이 있습니까?
· 지금까지 매우 즐거운 체험을 한 적이 있으면 이야기해 주세요.

LESSON 6　正月

DIALOGUE 1

다카하시 : 강 씨는 내년 설에는 어떻게 할 생각이에요?
강 : 글쎄요. 부모님께 새해 인사를 드리기 위해 고향에 내려가려고 생각하고 있어요.
　　하지만 한국에서는 양력이 아니라 음력 설을 더 중시하기 때문에 그때 휴가를 내서 갈 생각이에요.
　　다카하시 씨는 어떻게 할 생각이에요?
다카하시 : 저요? 일단 연말에 사이타마 집에 갈까 생각하고 있는데, 설 초하루부터 사흘간은 아마 새해 첫 참배를 가지 않고 집에서 떡국이나 설 요리를 먹거나 푹 자거나 하겠죠.
강 : '네쇼가쓰'인 셈이네요.
다카하시 : 여자 친구라도 있으면 같이 메이지 신궁에라도 갈 텐데…….
강 : 아직 늦지 않았어요. 지금부터 여자 친구 만들면 되잖아요.
다카하시 : 그게 말처럼 쉽지가 않아요.

EXERCISE 1

1 A : 김 씨, 주말 위로여행에 가요?
B : 예, 갈 생각이에요.
1 다음 달에 있을 회의에 참석하다 | 예, 참석하다
2 다음 다음 달에 있을 능력시험을 보다 | 예, 일단 보다
3 다음 다음 주에 있을 동창회에 얼굴을 내밀다 | 아니요, 얼굴은 내밀지 않다

2 A : 다나카 씨, 주말에는 무엇을 하려고 생각하고 있어요?
B : 주말에는 친구와 캠프에 가려고 생각하고 있어요.
1 사이토 씨, 이번 휴일 | 아키하바라에 가서 전자레인지를 사다
2 이 씨, 졸업 후 | 아버지의 회사를 돕다
3 사토 씨, 결혼 후 | 전업주부를 하다

3 박 씨는 인사도 하지 않고 집으로 돌아가 버렸어요.
1 아침을 먹다, 학교에 가다
2 선생님께 양해를 구하다, 조퇴하다
3 사장님께 보고하다, 마음대로 처리하다

DIALOGUE 2

다카하시 : 강 씨, 한국의 설은 일본의 설과 뭔가 다른 점이 있나요?
강 : 글쎄요. 중국과 마찬가지로 전 국민이 대이동하기 때문에 고속도로가 많이 정체돼요.
다카하시 : 일본도 정체되는 곳은 있지만 한국만큼은 아니죠.
강 : 그렇다 해도 귀성 전쟁은 힘들어요.
다카하시 : 그래도 부모가 자식을 보고 싶어 하는 마음은 세계 공통이죠.
강 : 맞는 말씀이에요. 고향에 계신 부모님에게 있어서 설이나 추석은 없어서는 안 될 중요한 날이라고 생각해요.
다카하시 : 그렇죠? 다음 주 집에 갔다 올까나.
강 : 좋겠다~, 언제라도 갈 수 있는 다카하시 씨가 부러워요.

EXERCISE 2

1 A : 요즘 무더운 날씨가 계속되네요.
B : 그러네요. 그래도 작년만큼은 아니지만요.
1 요즘 다나카 씨, 잔업을 많이 하다 | 과장님
2 중국어, 어렵다 | 러시아어
3 오늘 지진, 무서웠다 | 지난주

2 A : 사토 씨가 다나카 씨와 함께 출장 가는 것을 싫어하고 있어요.
　 B : 아, 그래요? 같이 가는 것을 싫어하고 있어요?
　　1 우리 아이, 개가 무섭다
　　2 김 씨, 박 씨와 사진을 찍고 싶다
　　3 여자 친구, 심심하다

3 저에게 있어서 아이는 없어서는 안 될 존재입니다.
　　1 일본, 석유
　　2 인간, 물
　　3 회사, 영업

FREE TALKING
· 당신은 다음 설에 어떻게 할 생각입니까?
· 설의 기쁜 점, 기쁘지 않은 점을 이야기해 주세요.
· 한국의 설도 세뱃돈을 줍니까? 또, 언제 줍니까?
· 한국의 설 음식, 놀이라고 하면 어떤 것이 있습니까?

LESSON 7　初恋

DIALOGUE 1
다카하시 : 강 씨, 실은 오늘 시내에서 우연히, 고등학교 때부터 계속
　　　　　 짝사랑해 온 첫사랑과 딱 마주쳤어요.
　　　　　 얼마나 두근거렸는지 몰라요.
강 : 정말이에요? 하지만 벌써 10년 이상 지났는데도
　　 상대방이 첫사랑인 걸 알아보셨네요?
다카하시 : 당연히 알죠. 그만큼 좋아했다는 거죠.
강 : 그래서 그녀에게 말을 걸었어요?
다카하시 : 물론이죠. 그녀 아직 솔로랍니다.
강 : 그거 잘됐네요. 그런데 연락처는 물어봤어요?
다카하시 : 그게, 가장 중요한 휴대폰 번호 묻는 걸 깜빡 했어요.
강 : 뭐예요~. 다카하시 씨는 요령이 없다니까.

EXERCISE 1
1 다나카 씨는 초등학교 때부터 일기를 계속 쓰고 있어요.
　　1 스즈키 씨, 고등학교 때, 알레르기약을 먹다
　　2 A사, 3년 전, 신제품 개발을 하다
　　3 김 씨, 10년 전, 매월 5천 엔씩 모으다

2 A : 박 씨가 지난주에 결혼했다고 합니다.
　 B : 그래요? 전혀 몰랐어요.
　　1 이 씨, 지금 입원해 있다
　　2 김 씨네 아이, 어제 태어났다
　　3 사토 씨, 요즘 여자 친구와 잘 안 되다

3 A : 다나카 씨, 외출하세요?
　 B : 예, 쇼핑 좀 하러. 그런데 요즘 춥네요.
　　1 요즘 기온이 몹시 떨어지다
　　2 오늘은 쌀쌀하다
　　3 요즘 더위가 계속되다

DIALOGUE 2
강 : 다카하시 씨의 첫사랑은 언제였어요?
다카하시 : 제 첫사랑 말입니까? 초등학교 5학년 때였어요.
강 : 초등학교 5학년이요? 그렇게 빨랐어요?
다카하시 : 하지만 보통 첫사랑이 초등학교 때라고 하는 사람도 많아요.
강 : 하지만 그 사람이랑 사귀었던 거잖아요.
다카하시 : 설마. 그냥 짝사랑이었어요. 그때는 알게 된 지 얼마 안 돼서
　　　　　 사귀어 달라고 할 수 없었어요. 고백조차 못 했는걸.
강 : 전 고등학교 2학년 때였어요.
　　 1년 정도 사귀었어요.
다카하시 : 그럼 그때까지 짝사랑도 한 적 없었어요?
강 : 물론 있었어요. 중학교 1학년 때.
다카하시 : 그럼 그게 첫사랑이잖아요. ㅎㅎ

EXERCISE 2
1 저는 영어를 배운 지 얼마 안 돼서 아직 잘 모릅니다.
　　1 운전면허를 따다, 아직 운전이 서투르다
　　2 이 지역에 이사 오다, 이 근처에 대해서 아직 잘 모르다
　　3 대학에 합격하다, 아직 실감이 안 나다

2 A : 부장님이 오늘 중으로 이 팩스를 A사에 보내 달라고 하셨어요.
　 B : 아, 그래요? 오늘 중으로 A사에 보내면 되는 거네요? 알겠습니다.
　　1 사장님, 오후 3시에 회의실에 모이다
　　2 선생님, 다음 주 금요일까지 리포트를 제출하다
　　3 B사의 다나카 씨, C사의 스즈키 씨의 휴대폰 번호를 가르쳐 주다

3 A : 이 서류를 중국어로 번역해 주시겠어요?
　 B : 저에게는 무리입니다. 영어조차 못 하는데.
　　1 이 상품을 스쿠터로 D사에 갖다 주다 | 자전거, 타다
　　2 이 데이터를 엑셀에 입력하다 | 인터넷으로 메일, 보내다
　　3 나에게 일본어를 가르치다 | 히라가나 쓰는 법, 알다

FREE TALKING
· 당신의 첫사랑은 언제였습니까?
· 첫사랑은 어떤 사람이었습니까?
· 길에서 우연히 첫사랑을 만난다면 어떻게 하겠습니까?
· 만약 동창회 등에서 '네가 내 첫사랑이었어'라는 말을 들으면 어떻게
　하겠습니까?

LESSON 8　番組

DIALOGUE 1
다카하시 : 강 씨는 집에서 어떤 프로그램을 봅니까?
강 : 글쎄요. 역시 시청률이 높은 드라마를 자주 보는 편이에요.
　　 다카하시 씨는요?
다카하시 : 저는 스트레스 해소로 버라이어티 프로그램을 자주 봐요.
강 : 하지만 다카하시 씨, 매일 잔업 때문에 바쁠 텐데 어떻게 봐요?
다카하시 : 요즘은 디지털 방송을 녹화할 수 있어서 집에 없어도
　　　　　 상관없어요.
강 : 아~. 그렇죠. 보고 싶은 프로그램을 예약녹화 해 두면 되니까요.
다카하시 : 강 씨는 보고 싶은 프로그램이 있을 때는 역시 녹화해요?
강 : 저는 녹화하지 않아도 괜찮아요.
　　 그 시간에는 반드시 집에 돌아와 있으니까요. ㅎㅎ

EXERCISE 1
1 A : 다나카 씨, 어떻게 된 거죠? 아직도 안 오네요.

B : 아까 택시를 탔다고 전화가 왔었으니까 틀림없이 이제 곧 도착할 거예요.
1 조금 전에 부장님에게 갔다, 곧 돌아오다
2 지금 거래처 회사에 가 있다, 두 세 시간에 끝나다
3 오전 중에 서울을 출발했다고 했다, 저녁에는 도착하다

2 A : 저~, 이 문, 닫는 게 좋을까요?
B : 아니요, 안 닫아도 상관없어요.
1 여기에 도장을 찍다
2 결석하는 것을 선생님께 말씀드리다
3 수술하다

3 A : 이 고기, 어떻게 하면 돼요?
B : 아, 그 고기, 냉장고 안에 넣어 두세요.
1 열쇠 | 스즈키 씨에게 건네주다
2 계약서 | 저기 서랍에 넣어서 보관하다
3 주운 지갑 | 경찰에 갖다 주다

DIALOGUE 2

강 : 다카하시 씨, 일본 텔레비전은 성인용 프로그램도 방송한다고 들었는데 정말이에요?
다카하시 : 네, 한국에 비하면 굉장히 야한 프로그램도 있을지도 모르겠네요.
강 : 구체적으로 어떤 내용이에요?
다카하시 : 그건 말로 하기 좀 어렵네요.
한국에서의 비방용 용어도 나오는 것 같아요.
강 : '나오는 것 같다'라뇨? 다카하시 씨는 안 봐요?
다카하시 : 그런 프로그램을 볼 바에는 밖에서 한잔하는 게 나아요.
강 : 역시 다카하시 씨, 다시 봤어요.
다카하시 : '다시 봤다'라뇨? 지금까지 저를 어떤 인간으로 생각한 거예요?
강 : 농담이에요. 좀 의외라고 생각했을 뿐이에요. ㅎㅎ

EXERCISE 2

1 A : 박 씨, 이 글자, 상당히 작네요.
B : 음~, 그러네요. 좀 읽기 힘드네요.
1 고기, 매우 질기다 | 씹다
2 가위, 상당히 오래됐다 | 자르다
3 자동차, 왼쪽 핸들 | 운전하다

2 A : 이 씨, 다나카 씨가 외국으로 전근가는 것 같아요.
B : 정말이에요? 믿을 수 없어요.
1 사토 씨가 미국으로 이민가다
2 김 씨가 교통사고로 다리뼈가 부러졌다
3 K씨의 회사가 도산했다

3 A : 김 씨는 복권을 사지 않습니까?
B : 복권을 살 바에는 그 돈을 가난한 사람에게 주는 게 나아요.
1 외국여행을 가다 | 그 돈으로 맛있는 것을 먹다
2 내 집을 갖다 | 고급차를 사다
3 사장에게 사과하다 | 회사를 그만두다

FREE TALKING

· 당신은 어떤 프로그램을 자주 봅니까?
· 당신이 싫어하는 프로그램은 어떤 프로그램입니까?
· 당신은 일본 프로그램을 본 적이 있습니까?
· 한국 프로그램과 일본 프로그램은 뭔가 다른 점이 있는 것 같습니까?

LESSON 9 道案内

DIALOGUE 1

강 : 실례합니다. 말씀 좀 여쭙겠는데요.
이 근처에 우체국 본국이 있다고 들었습니다만.
순경 : 아, 있어요. 이 길을 똑바로 가면 왼쪽 모퉁이에 목욕탕이 있는데 그 골목 왼쪽으로 들어가서 직진하세요. 그럼 도중에 신호등이 있는데 그 신호등 오른쪽으로 도세요.
강 : 신호등 오른쪽으로 말입니까?
순경 : 예, 신호등 오른쪽으로요. 거기를 약 5분 정도 걸으면 큰 길이 나옵니다. 거기까지 가면 바로 찾을 수 있을 겁니다.
강 : 5분 정도 걷는다고요? 잘 찾아갈 수 있을지 모르겠지만 일단 가보겠습니다.
순경 : 만약 헤매면 그 주위 사람에게 물어보세요.
강 : 친절하게 가르쳐 주셔서 감사합니다.

EXERCISE 1

1 말씀 좀 여쭙겠는데요, 와세다 병원은 어디에 있어요?
1 여쭙겠습니다, 어느 쪽
2 여쭙겠습니다, 어디 근처
3 실례합니다, 어디 근처

2 A : 이 근처에 세탁소가 있다고 들었는데요.
B : 아, 세탁소라면 이 길을 똑바로 가면 A빌딩이 있어요. 그 빌딩의 우측에 있어요.
1 이 근처, 라면집 | 저기 있는 다리를 건너서 똑바로 3분 정도 걷다, 세븐일레븐, 좀 못 감
2 이 근처, 이발소 | 이 거리를 쭉 가다, 소고기덮밥집, 맞은편
3 이 근처, 미용실 | 이 횡단보도를 건너서 왼쪽으로 똑바로 가다, 자전거 가게, 옆

3 잘 찾아갈 수 있을지 모르겠지만, 일단 가보겠습니다.
1 이야기하다
2 (문제를) 풀다
3 설명하다

DIALOGUE 2

강 : 다카하시 씨, 시부야까지 가는 방법을 가르쳐 주시겠어요?
다카하시 : 시부야요? 시부야라면 야마노테선으로 한 번에 가는데요. 시부야까지 무엇을 하러 가는 거예요?
강 : 이번 토요일에 시부야에 있는 결혼식장에서 유학시절의 친구가 결혼하는 것 같더라고요.
다카하시 : '같다'라뇨? 확실히 모르는데 가는 거예요?
강 : 예, 소문으로 들었을 뿐이라서…….
다카하시 : 초대장은 받았어요?
강 : 아니요, 안 받았는데요.
다카하시 : 그렇다면 가면 안 돼요.
강 씨가 간다는 것을 미리 전해 두어야 해요.
강 : 일본에서는 일일이 간다고 말해야 하나요?
다카하시 : 당연하죠. 그렇게 안 하면 강 씨가 앉을 자리가 없어요.
강 : 자리도 정해져 있어요? 몰랐어요. ㅠ.ㅠ

EXERCISE 2

1 A : 다나카 씨, 역까지 태워다주실 수 있나요?
B : 아, 좋아요.

1 그 사진을 보이다
2 화장실을 빌려 주다
3 부장님에게 차를 빌리다

2 A : 오늘 조퇴하고 싶은데, 어떻게 하면 되죠?
B : 그렇다면 부장님에게 말해 두어야겠네요.
1 오늘 회의 시간을 변경하고 싶다 | 사장님에게 이야기하다
2 모레 휴가를 내고 싶다 | 점장님에게 허가를 받다
3 내일 집에 손님이 오다 | 먹을 것과 마실 것을 사다

3 A : 결석할 때는 일일이 선생님에게 말해야 하나요?
B : 당연하죠. 그렇게 하지 않으면 혼나요.
1 밥을 먹다, 밥그릇을 손에 들다 | 품위 없다는 소리를 듣다
2 회식, 더치페이 하다 | 상사가 부담이 되다
3 해외에 장기체류하다, 시청에 신고하다
 | 주민세 납부 통지가 오다

FREE TALKING
· 당신의 집까지 길 안내를 해 주세요.
· 당신의 동네에서 유명한 곳이나 맛집이 어디에 있는지 설명해 주세요.
· 당신은 지금까지 남이 길을 물어온 적이 있습니까?
· 만약 외국인이 길을 물어오면 어떻게 하겠습니까?

LESSON 10 デート・散歩

DIALOGUE 1
다카하시 : 강 씨는 일주일에 몇 번 정도 남자 친구를 만나요?
강 : 글쎄요. 네댓 번은 만나는 것 같아요.
다카하시 : 그렇게 자주 만나요? 대단하네요.
강 : 물론이죠. 남자 친구는 전화도 하루에 대여섯 번은 해줘요.
다카하시 : 두 분, 정말 애정이 넘치시네요.
 그런데, 데이트할 때는 당연히 더치페이 하죠?
강 : 아니에요. 거의 남자 친구가 내줘요.
 한국에서는 남자가 내는 게 보통이에요.
다카하시 : 저런. 남자 친구가 불쌍해요.
 가끔씩은 강 씨가 내는 게 어때요?
강 : 후후, 오늘 데이트는 제가 다 낼 생각이에요.
다카하시 : 오늘도 데이트해요? 정말 못 말리겠네요. ㅎㅎ

EXERCISE 1
1 그녀는 내가 피곤할 때 항상 커피를 타 줍니다.
 1 우리 어머니, 고민하고 있다, 상담에 응하다
 2 담임선생님, 곤란하다, 돕다
 3 이웃집 겐타, 바쁘다, 아이를 돌보다

2 나는 가끔 미국인에게 영어를 배우고 있습니다.
 1 남동생, 전신 마사지를 하다
 2 과장님, 집까지 바래다 주다
 3 친한 친구, 개를 맡다

3 A : 가끔씩은 사모님에게 예쁜 옷이라도 사 주는 게 어때요?
B : 그러게요. 그렇게 해 주면 기뻐할 거예요.
1 자녀분과 유원지에라도 가다
2 키우고 있는 개에게 산책이라도 시키다

3 그녀에게 카레라이스라도 만들다

DIALOGUE 2
강 : 다카하시 씨는 만약 산책을 나간다면 어떤 곳에 갈 거예요?
다카하시 : 글쎄요. 산책이라면 역시 애견과 같이 가니까
 가까운 공원이라든가 하천 부지에 가서 산책하죠. 왜요?
강 : 실은 저, 요즘 운동부족으로 살이 찌기 시작해서 좀
 걸을까 싶어서요.
다카하시 : 하지만 강 씨, 전혀 살이 안 쪘는데요?
강 : 겉보기에만 그래요. 배에 군살이 붙어서…….
다카하시 : 그럼 저와 함께 산책이라도 하지 않을래요?
강 : 음, 괜찮아요. 혼자서 할게요.
다카하시 : 제가 같이 있으면 곤란해요? 사양하지 마세요.
강 : 그게 아니라 사실은 저, 개가 딱 질색이거든요.

EXERCISE 2
1 A : 만약 허니문을 간다면 어떤 곳에 가고 싶어요?
B : 글쎄요. 태국이라든지 스위스라든지 멕시코에 가고 싶어요.
1 스포츠를 배우다 | 스쿼시, 테니스, 탁구
2 요리를 배우다 | 프랑스 요리, 베트남 요리, 중화요리
3 이사하다 | 대전, 일산, 대구

2 A : 한가할 때 무엇을 하며 지냅니까?
B : 글쎄요. 책을 읽거나 텔레비전을 보며 지냅니다.
1 꽃에 물을 주다, 빨래를 하다
2 방청소를 하다, 설거지를 하다
3 채팅을 하다, 홈페이지를 만들다

3 A : 다음 주에 혼자 여행갈 생각이에요.
B : 왜요?
A : 잠깐 기분전환으로 갔다 올까 해서요.
1 이번 주로 회사를 그만두다 | 더 조건이 좋은 회사로 옮기다
2 차를 팔아 버리다 | 건강을 위해 자전거로 통근하다
3 다음 주에 이사하다 | 회사에서 더 가까운 편이 좋다

FREE TALKING
· 당신은 데이트를 한다면 어떤 곳에 가고 싶습니까?
· 당신에게 애인이 생긴다면 하루에 몇 번 정도 전화를 할 것 같습니까?
· 운동부족이라고 생각되면 어떤 것을 합니까?
· 만약 산책을 한다면 어디를 산책할 겁니까?

LESSON 11 ショッピング

DIALOGUE 1
다카하시 : 강 씨는 자주 인터넷 쇼핑을 해요?
강 : 글쎄요. 전 어느 쪽인가 하면
 카탈로그 쇼핑을 자주 이용하는 편이에요.
다카하시 : 왜요? 인터넷 쇼핑이 편리하다고 생각하는데…….
강 : 음~, 하지만 카탈로그는 인터넷과 달리
 일일이 접속할 필요가 없어서 편리해요.
다카하시 : 그건 그러네요.
 그런데, 요즘 카탈로그에서 뭔가 산 것이 있나요?
강 : 지난주에 란제리를 샀어요. 브랜드 제품으로.

좀처럼 백화점에 갈 시간이 없어서…….

EXERCISE 1

1 A : 다나카 씨는 맥주를 자주 마십니까?
    B : 저는 어느 쪽인가 하면 와인을 자주 마시는 편입니다.
    1 영화를 보러 자주 시부야에 가다 | 신주쿠에 자주 가다
    2 할인점에 가끔 가다 | 가지 않다
    3 회를 좋아하다 | 고기를 좋아하다

2 A : 요즘은 서울에서 부산까지 KTX로 3시간밖에 안 걸리네요.
    B : 그러게요. 고속버스와 달리 빠르고 쾌적하게 갈 수 있어서 좋죠.
    1 어디에 가도 도로가 막혀서 힘들다 | 10년 전, 교통량이 늘었다
    2 내비게이션이 있으니까 어디라도 갈 수 있어서 편리하다
       | 지도, 일일이 길을 확인하지 않아도 되니까 편리하다
    3 물가가 비싸서 생활이 힘들다
       | 어릴 적, 만 원이 있어도 바로 써 버리다

3 벌써 15분이나 기다리고 있는데도 좀처럼 버스가 오지 않네요.
    1 벌써 3년이나 영어를 배우고 있다, 영어 회화를 못 하다
    2 5년이나 근무하고 있다, 급여가 오르지 않다
    3 매일 조깅하고 있다, 체중이 줄지 않다

DIALOGUE 2

강 : 다카하시 씨는 홈쇼핑에서 산 후에 후회한 적 있어요?
다카하시 : 물론, 많이 있어요.
         의류는 특히 나중에 후회하는 일이 많죠.
강 : 역시 의류는 직접 입어 보고 확인해야 해요.
다카하시 : 하지만 텔레비전을 보고 있으면 자기도 모델처럼 될 수 있지 않을까 하고 생각해 버리게 돼요.
강 : 텔레비전에 영향 받으면 안 돼요. 다카하시 씨.
     우선은 운동해서 살을 빼는 것이 좋지 않을까요?
다카하시 : 정곡을 찌르는 말씀이네요. 역시 홈쇼핑은 중독이 된다고 하니까 조심해야겠어요.
         그런데 그 가방, 처음 보는데 어디서 샀어요?
강 : 실은 지난주에 홈쇼핑에서 샀어요. 나도 중독인가. ㅠ.ㅠ

EXERCISE 2

1 나는 선생님처럼 자상한 사람이 되고 싶어요.
    1 일본인, 일본어가 유창해지다
    2 김 사장님, 사회적으로 성공해서 여유 있는 생활을 하다
    3 프로그래머, 컴퓨터를 자유자재로 사용할 수 있게 되다

2 A : 요즘 매일 밤 술을 마셔요.
    B : 매일 밤 술을 마시면 안 돼요.
    1 매끼 육류를 먹고 있다
    2 매일 두 갑의 담배를 피우고 있다
    3 매일 제대로 식사도 하지 않고 게임만 하고 있다

3 A : 박 씨, 약지에 반지를 꼈네요.
    B : 박 씨, 다음 달에 결혼한대요.
    1 머리에 붕대를 감고 있다 | 어제 다쳤다
    2 요즘 체격이 좋아졌다 | 매일 헬스클럽에 다니고 있다
    3 요즘 기뻐보인다 | 가고 싶었던 대학에 합격했다

FREE TALKING

· 당신은 홈쇼핑에서 어떤 물건을 산 적이 있습니까?
· 홈쇼핑이나 인터넷 쇼핑에서 물건을 사는 가장 큰 이유는 무엇입니까?
· 당신은 쇼핑할 때 누구와 어떤 곳에 갑니까?
· 당신은 어떤 물건을 구입했을 때 후회했습니까?

LESSON 12 学生時代

DIALOGUE 1

강 : 다카하시 씨는 고교시절에 공부를 잘한 편이었어요?
다카하시 : 글쎄요. 중상위권 정도였죠. 강 씨는요?
강 : 저는 대체로 반에서 5등 안에 들었어요.
다카하시 : 와~, 우등생이었군요.
         그런데, 점심은 어떻게 했었어요?
강 : 우리 학교의 경우는 매일 도시락을 지참했었어요.
    다카하시 씨네 학교는 밖에서 먹을 수 있었어요?
다카하시 : 그랬다가는 나중에 큰일 납니다.
         하지만 가끔씩 몰래 빠져 나가서 밖에서 먹는 친구들도 있었지만요.
강 : 그건 한국도 마찬가지예요. 자습시간에 몰래 빠져 나가서 놀러 가기도 하고 꾀병 부리고 조퇴하기도 하고.
다카하시 : 꾀병까지요? 그건 내가 학원 가기 싫어서 쓰는 수법이었는데.

EXERCISE 1

1 A : 학생 때는 어떤 과목을 잘했어요?
    B : 글쎄요. 나는 수학을 잘한 편이에요.
    1 체육
    2 미술
    3 국어

2 A : 일본에서는 차선이 왼쪽이에요.
    B : 그래요? 한국의 경우는 오른쪽이에요.
    1 일본, 젓가락은 가로로 놓다 | 한국, 젓가락은 세로로 놓다
    2 일본의 대학, 봄방학이 길다 | 한국의 대학, 겨울방학이 길다
    3 우리 집, 설은 언제나 집에 가다
       | 우리 집, 설은 언제나 해외에서 보내다

3 A : 실례합니다만, 여기서 담배를 피울 수 있습니까?
    B : 죄송합니다.
        여기서는 담배는 피울 수 없게 되어 있습니다.
    1 이곳, 휴대폰을 사용하다
    2 이 안, 음식물을 먹다
    3 여기, 술을 마시다

DIALOGUE 2

다카하시 : 강 씨는 대학 시절, 미팅을 한 적이 있나요?
강 : 네, 있어요.
다카하시 : 그래서, 괜찮은 사람을 만난 적이 있어요? 얼짱이라든지…….
강 : 저는 얼짱에는 관심이 없었어요.
    좋은 집안의 아들인지 아닌지를 봤죠.
다카하시 : 아, 알겠다. 부잣집 아들이랑 사귀고 싶었었던 거죠?
강 : 물론이죠. 그런 사람과 사귀어서 결혼하게 되면
    금전적으로 고생하지 않아도 되니까요.
다카하시 : 그런 부분만 보고 있으니까 결혼을 못 하는 거예요.
강 : 그건 피차일반 아닌가요? ㅎㅎ

EXERCISE 2

1 A : 오늘 일이 있어서 회식에 참석하지 못해요.
　B : 혹시 여자 친구 만나러 가는 거죠?
　1 요즘 위가 아파서 힘들다 | 매일 술을 마시고 있다
　2 오늘 좀 쇼킹한 일이 있었다 | 여자 친구에게 차였다
　3 요즘 하루에 두 끼밖에 안 먹고 있다 | 다이어트하고 있다

2 A : 이번에 새 집으로 이사하게 됐어요.
　B : 아~, 그래요? 축하드립니다.
　1 이번에 과장으로 승진하다
　2 다음 달에 새 차를 사다
　3 다음 주에 본사로 옮기다

3 A : 요즘 몸이 안 좋아요.
　B : 그렇다면 잔업은 하지 않아도 돼요.
　1 요즘 작은 글자가 잘 안 보이다 | 세세한 작업은 하지 않다
　2 식칼을 사용하는 방법을 모르다 | 야채는 썰지 않다
　3 올해 조부가 돌아가셨다 | 연하장은 부치지 않다

FREE TALKING

· 당신의 학창시절에는 도시락을 갖고 다녔습니까, 급식이었습니까?
· 당신은 지금까지 어떤 학원에 다닌 적이 있습니까?
· 당신은 미팅을 한 적이 있습니까?
· 한국의 미팅은 어떤 식으로 합니까?

LESSON 13　飲み会・食事会

DIALOGUE 1

강 : 다카하시 씨, 오늘 새 직장의 회식이 있는데
　　역시 가야 하는 거겠죠?
다카하시 : 글쎄요. 일단 회사에 들어간 지 얼마 안 되니까 얼굴을 내미
　　　　　는 게 좋아요.
　　　　　그런데 회식은 안 좋아해요?
강 : 안 좋아하는 건 아니지만 사실은 술을 마시기 시작하면 끝이 없어요.
　　게다가 다음 날 아무것도 기억하지 못할 때도 있어요.
다카하시 : 정말이에요? 강 씨가 그렇게 술을 잘마시는 사람인 줄은 몰
　　　　　랐어요. 그렇다면 회식에 가서 술을 안 마시면 되잖아요.
강 : 그렇게 안 돼요. 게임하면 마실 수밖에…….
다카하시 : 그것도 그러네요.
　　　　　이번만은 안 마시도록 조심할 수밖에 없을 것 같네요.
강 : 자신없는데. ㅠ.ㅠ

EXERCISE 1

1 나는 결혼한 지 얼마 안 돼서 결혼생활에 대해서는 아직 잘 모릅니다.
　1 입사하다, 업무 성적
　2 입학하다, 학점을 따는 방법
　3 자동차 면허증을 따다, 도로 사정

2 다나카 씨의 성격은 한번 배우기 시작하면 끝까지 배우려고 하는 타입입니다.
　1 화내다, 상대방이 사과할 때까지 말을 안 하다
　2 이야기하다, 두 세 시간은 아무렇지 않게 이야기하고 있다
　3 뭔가에 빠지다, 헤어나지 못하다

3 저기에 있는 가게는 친절하고, 게다가 음식도 맛있어요.
　1 그, 키가 크다, 운동 신경도 좋다
　2 이 컴퓨터, 빠르다, 성능도 좋다
　3 저 회사, 근무조건이 좋다, 급여도 높은 편

DIALOGUE 2

다카하시 : 강 씨, 부탁이 좀 있는데요.
강 : 어머, 다카하시 씨, 어쩐 일이에요?
　　갑자기 새삼스러운 말투를 쓰고…….
다카하시 : 그게 말이에요. 다음 주 토요일에 애인 동반으로 회식이 있
　　　　　어서……. 강 씨, 딱 하루면 되니까 제 여자 친구인 척 해 주
　　　　　실 수 없을까요?
강 : 지금 저한테 남들 앞에서 연기를 하라는 말이에요?
다카하시 : 그래요. 제가 여자 친구가 있는 걸로 알고 있거든요.
　　　　　그 대신 새 옷과 구두는 제가 살게요.
강 : 정말이에요? 그렇다면 생각해 볼까나?
다카하시 : 프랑스 요리 풀코스로, 고급 와인을 마시면서 하는
　　　　　회식이라 제법 분위기가 있을 거예요.
강 : 갈게요. 갈게요. 다음 주 토요일 몇 시예요?
다카하시 : 정말, 강 씨는 성질이 급하다니까.

EXERCISE 2

1 A : 그 시계, 어디서 났어요?
　B : 아~, 이거, 어제 샀어요.
　1 그 와이셔츠 | 커피를 쏟다
　2 얼굴의 상처 | 고양이에게 할퀴이다
　3 그 손의 멍 | 아침에 넘어지다

2 그녀는 사회인인데 교복을 입고 학생인 척하고 있습니다.
　1 아직 잘 시간이 아니다, 이불에 눕다, 자고 있다
　2 가난하다, 롤렉스 시계를 차다, 부자
　3 술이 세다, 몇 번이나 화장실에 가다, 취하다

3 오늘 저녁밥, 무엇을 먹을까나?
　1 다음에 혼자서 홋카이도 여행을 가보다
　2 내년 봄부터 혼자서 살아보다
　3 슬슬 집을 다시 짓다

FREE TALKING

· 당신은 최근에 언제 어떤 사람들과 회식을 했습니까?
· 당신은 회식을 자주 하는 편입니까?
· 회식을 할 때에는 어디에서 합니까? 또, 거기서 하는 이유는 무엇입니까?
· 회식에서는 어떤 것을 마시거나 먹습니까?

LESSON 14　約束

DIALOGUE 1

강 : 다카하시 씨, 일본인과 만날 약속을 할 때 조심해야 할 점 있어요?
다카하시 : 글쎄요. 우선 약속 장소는 알기 쉬운 뭔가 표시가 있는 곳으
　　　　　로 하는 편이 좋겠죠.
　　　　　예를 들어 시부야라면 충견 하치공 앞이라든지.
강 : 충견 하치공 앞이요? 또 있어요?

다카하시 : 약속 시간 10분 전에는 도착해 있는 게 좋겠죠.
강 : 10분 전이나요? 너무 이른 거 아니에요?
다카하시 : 그렇지 않아요. 일찌감치 가서 상대방을 기다리는 게 좋아요. 혹시 데이트라도 하는 거예요?
강 : ㅎㅎ, 그건 비밀. 농담이고 실은, 이번에 거래처 사람들 접대가 있어서요.
다카하시 : 뭐예요~, 놀랐잖아요. 진짜 데이트하는 줄 알았어요. ㅎㅎ

EXERCISE 1

1 A : 한국의 전통차라고 하면 어떤 것이 있습니까?
   B : 글쎄요. 예를 들어 유자차라든지 생강차라든지 인삼차 등이 있습니다.
   1 일본의 유명한 온천지, 곳 | 이토 온천, 벳푸 온천, 유후인 온천
   2 한국의 3대 사찰, 곳 | 송광사, 통도사, 해인사
   3 일본에 알려져 있는 한국 음식, 것 | 비빔밥, 국밥, 김치

2 A : 요즘 밥을 세 공기나 먹어요.
   B : 그건 과식 아니에요?
   1 매일 텔레비전을 4시간이나 보고 있다
   2 백화점 일로 매일 6시간 서 있다
   3 오늘 추워서 옷을 다섯 겹이나 입고 있다

3 A : 커피 농도는 보통이면 됩니까?
   B : 아, 미안합니다만, 연하게 부탁합니다.
   1 밥은 보통 양 | 적다
   2 사이즈는 작게 | 크다
   3 내일 회의는 오후 2시부터 | 늦다

DIALOGUE 2

강 : 다카하시 씨, 약속을 취소하려면 어떻게 하면 좋을까요?
다카하시 : 약속을 취소해요? 왜요?
강 : 실은 저번 미팅에서 만난 남자로부터 집요하게 데이트 신청을 받아서 어쩔 수 없이 수락했는데 역시 가고 싶지 않네요. 어떻게 거절할까 지금 생각하는 중이에요.
다카하시 : 그렇군요. 이제 와서 취소라……. 설마 데이트 도중에 빠져나올 수는 없니까요.
강 : 그러니까요. 뭔가 좋은 방법 가르쳐 주세요.
다카하시 : 아무래도 강 씨의 의사를 분명하게 전달하는 수밖에 없어요. 당신은 저에게는 과분하다든지. ㅎㅎ
강 : 그런 뻔한 거짓말을 해요?
다카하시 : 그럼 데이트 할 거예요?
강 : 알았어요. 말할게요. 말할게요.

EXERCISE 2

1 A : 지금 뭐 하고 있어요?
   B : 지금 영어 단어를 암기하고 있는 중이에요.
   1 나갈 준비를 하다
   2 전자레인지로 밥을 데우다
   3 떨어진 단추를 달다

2 공부하고 있는 도중에 자 버렸어요.
   1 운전하다, 졸다
   2 비행기를 타다, 토하다
   3 면접을 보다, 웃다

3 A : 일본어는 어떻게 하면 능숙해질까요?
   B : 매일 30분이라도 좋으니까 공부하는 수밖에 없어요.
   1 요리 | 여러 가지 요리를 만들어 보고 몇 번이나 실패를 거듭하다
   2 테니스 | 잘하는 사람한테 지도를 받다
   3 자동차 운전 | 교통량이 많은 곳에서 몇 번이나 운전해보다

FREE TALKING

· 당신은 최근에 어떤 약속을 했습니까?
· 당신은 부모님과 '이건 해서는 안 된다'라고 약속한 것이 있습니까?
· 당신은 약속을 어긴 적이 있습니까?
· 만약 친구와 만날 약속을 한다면 어떤 장소에서 만나자고 하겠습니까?

LESSON 15　娯楽

DIALOGUE 1

강 : 다카하시 씨, 소년 선데이 사서 보고 있어요?
다카하시 : 네. 오늘 발매일이라서 역 매점에서 지금 막 사왔어요. 강 씨도 정기적으로 뭔가 보고 있나요?
강 : 예, 만화책이라면 소년 매거진을 매주 꼭 보고 있어요.
다카하시 : 남자가 보는 만화책을 보고 있어요?
강 : 네. 한번 보면 빠져 버려서요. 지금 편의점에 사러 갈 참이에요. 그런데, 일본에서는 왜 정장 차림의 사람도 전철 안에서 만화책을 보는 거예요?
다카하시 : 저는 별로 이상하다고는 생각하지 않는데요. 강 씨는 전철 안에서는 만화책 안 봐요?
강 : 소설책이라면 괜찮지만 만화책은 창피해서 못 봐요.
다카하시 : 하하하! 그건 만화에 대한 편견이에요.

EXERCISE 1

1 A : 점심은 먹었어요?
   B : 예, 지금 막 먹고 왔어요.
   1 병원에 가다
   2 부장님에게 보고하다
   3 요리 재료를 사다

2 A : 안 나가요?
   B : 아, 지금 나가려던 참입니다.
   1 유니폼으로 갈아입다
   2 화장하다
   3 이를 닦다

3 A : 소주는 안 마셔요?
   B : 맥주라면 괜찮지만 소주는 좀…….
   1 볼링, 치다 | 탁구
   2 공포영화, 보다 | 액션
   3 유원지, 같이 가다 | 온천

DIALOGUE 2

다카하시 : 강 씨는 가끔씩 온천에 가요?
강 : 온천이요? 자주 가요. 저는 온천이라고 하면 사족을 못 써요.
다카하시 : 그렇게 좋아해요? 한국에도 온천은 있죠?
강 : 물론 있지만, 수로 따지면 한국과는 비교가 안 될 정도로 일본이 온천지가 많아요.

다카하시 : 그래요? 저는 온천에 가는 것보다 디즈니시에서 노는 게 스트레스 해소가 된다고 생각하는데.
강 : 스트레스 해소를 위해서 가는 게 아니라 건강과 미용을 위해서 가는 거예요.
다카하시 : 나 같으면 건강과 미용을 위해서라면 운동하거나 건강보조식품을 먹거나 하겠는데. 뭐, 혼탕을 체험한다면 온천에 가는 것도 좋겠네.
강 : 아이구, 다카하시 씨가 생각하는 건 항상 그렇다니까.

EXERCISE 2

1 A : 다나카 씨는 좋아하는 과자 있어요?
   B : 저는 초콜릿이라면 사족을 못 써요.
   1 스포츠 | 프로야구
   2 음식 | 단것
   3 반찬 | 니쿠자가

2 일본은 한국과는 비교가 안 될 정도로 지진이 많은 나라입니다.
   1 도쿄의 여름, 한국의 여름, 덥다
   2 김 씨, 박 씨, 일본어를 잘하다
   3 중국, 일본, 인구가 많은 나라

3 A : 오늘 다나카 씨와 식사하러 가요?
   B : 아니요, 식사하러 가는 게 아니라 한잔하러 가는 거예요.
   1 오늘 스즈키 씨 병문안을 가다 | 퇴원을 축하하러 가다
   2 다나카 씨, 다음 달에 결혼하다 | 다음 다음 달에 결혼하다
   3 지난주 일요일에 홋카이도에 놀러 갔다 | 아오모리에 갔다

FREE TALKING

· 당신은 정기적으로 보고 있는 책이 있습니까?
· 당신은 만화를 어떻게 생각합니까?
· 당신은 온천을 좋아합니까? 좋아한다면 이유는 무엇입니까?
· 오락이라고 하면 무엇이 있습니까?

LESSON 16 失敗談

DIALOGUE 1

다카하시 : 강 씨, 실은 저번에 창피한 실수를 하고 말았어요.
강 : 창피한 실수요?
다카하시 : 네. 2월 밸런타인데이 때 옆 부서의 여직원이 나에게 의리 초콜릿을 주었어요.
강 : 그게 무슨 문제가 있었나요?
다카하시 : 받은 것을 돌려줘야겠다는 생각에, 요전 화이트데이 때 진짜 좋아하는 여자에게 줄 것과 옆 부서 여직원에게 줄 것까지 해서 사탕 두 개를 샀어요.
강 : 설마 그걸 반대로 준 건가요?
다카하시 : 실은 말한 그대로예요. 하나는 천 엔짜리고 또 하나는 오천 엔이나 했는데, 비싼 걸 옆 부서의 여직원에게 줘 버렸어요.
강 : 그건 큰 실수였네요.
다카하시 : 옆 부서 여직원은 내가 자기를 마음에 두고 있다고 오해하고 있는 것 같아요.
강 : 그건 그렇겠네요. 비싼 걸 줬으니까. 근데 진짜 좋아하는 여자는 누구예요?
다카하시 : 그건 비~밀.

EXERCISE 1

1 나는 남동생 생일 축하 선물로 손목시계를 주었습니다.
   1 조카 졸업 축하 선물, 전자사전
   2 여동생의 간식, 도넛
   3 선배 집들이 선물, 스탠드

2 나는 친구로부터 선물로 열쇠고리를 받았습니다.
   1 부하, 백중 선물, 맥주 상품권
   2 거래처, 연말 선물, 통조림세트
   3 가족, 출산 축하 선물, 아기용 침대

3 친척이 남동생에게 대학 합격 축하 선물로 현금 10만 엔을 주었습니다.
   1 상사, 나, 승진 축하 선물, 고급 넥타이
   2 여자 친구의 반 전체, 여자 친구, 퇴원 축하 선물, 꽃다발
   3 조부, 여동생, 입학 축하 선물, 3만 엔

DIALOGUE 2

다카하시 : 강 씨, 저 또 사람들 앞에서 창피를 당하고 말았어요.
강 : 왜 그래요? 무슨 일 있었어요?
다카하시 : 예. 실은 지난주 회사 회식이 있어서 집에 가는 길에 같은 부서의 여직원을 집까지 바래다 주었어요.
강 : 그런데요?
다카하시 : 그랬더니 오늘 제 책상 위에 '저번에 집까지 바래다 주셔서 고맙습니다'라는 메모와 작은 선물이……
강 : 그 여직원, 아주 예의바르네요.
       그 여직원에게 뭔가 받았다는 거죠?
다카하시 : 네. 그때 굉장히 신나서 사람들 앞에서 그 선물을 자랑스럽게 뜯었지요.
강 : ㅎㅎㅎ, 알겠다, 이상한 물건이 들어 있었던 거죠?
다카하시 : 손수건인 줄 알고 뜯었더니 속옷이 들어 있었어요.
          얼굴이 새빨개지고 말았죠.

EXERCISE 2

1 어제 나는 할머니의 짐을 들어드렸습니다.
   1 오늘, 스즈키 씨, 유치원 아이들에게 영어를 가르치다
   2 일요일에, 남동생, 아버지의 어깨를 주무르다
   3 주말, 나, 어머니 대신 설거지를 하다

2 사토 씨는 나에게 우산을 빌려 주었습니다.
   1 아버지, 나를 공항까지 데리러 오다
   2 점쟁이, 올해의 운세를 점치다
   3 기무라 씨, 나에게 스웨터를 뜨다

3 나는 다나카 선생님에게 사회를 배웠습니다.
   1 상사, 새 바이어를 소개하다
   2 친구, 등을 밀다
   3 박 씨, 고장난 라디오를 고치다

FREE TALKING

· 당신은 지금까지 어떤 실수를 한 적이 있습니까?
· 당신은 남 앞에서 창피를 당한 적이 있습니까?
· 당신은 어떤 때에 얼굴이 빨개집니까?
· 당신은 최근에 누군가가 무엇을 해 주었습니까?

LESSON 17　ケンカ

DIALOGUE 1
다카하시 : 강 씨, 한국인은 부부 싸움을 자주 합니까?
강 : 물론 같은 사람이니까 싸움 정도는 하죠.
다카하시 : 어떤 때에 싸웁니까?
강 : 그것도 부부에 따라 다르다고 생각하는데, 자존심을 상하게 하거나 마음에 안 드는 짓을 하거나 하면 말다툼이 벌어지기도 하죠. 부모님이 그러셨거든요.
다카하시 : 요즘은 일본에서도 여성이 강해지고 있어서 '카카아덴카'인 가정도 제법 많다고 해요.
강 : 카카아덴카? 그게 무슨 뜻이에요?
다카하시 : 남편이 아내의 엉덩이에 깔린다는 뜻이에요.
강 : 하하하, 그건 한국도 마찬가지예요. 결혼하면 저도 그렇게 될지도…….
다카하시 : 흠~, 나는 너무 드센 여자는 딱 질색인데…….

EXERCISE 1
1　A : 박 씨는 점심은 항상 어떤 것을 먹고 있어요?
　　B : 글쎄요. 날마다 다르지만, 대개 샌드위치를 먹는 경우가 많아요.
　　1 외출할 때, 어떤 복장으로 나가다 | 기분, 청바지를 입다
　　2 시험공부, 어디서 하고 있다 | 경우, 시립도서관에서 하다
　　3 장기휴가 때, 무엇을 하며 지내다 | 계절, 온천에 가다
2　나는 어제 지하철 안에서 남자에게 발을 밟혔습니다.
　　1 교실 안, 동급생, 괴롭히다
　　2 지하철 안, 소매치기, 지갑을 소매치기하다
　　3 길가, 치한, 엉덩이를 만지다
3　A : 다나카 씨, '하시고자케'라는 말은 무슨 뜻입니까?
　　B : 아, 그것은 회식 등에서 '2차, 3차까지 가서 술을 마시다'라는 의미예요.
　　1 다메 | 동갑
　　2 초밥의 '네타' | 초밥의 재료
　　3 양면 점퍼 | 뒤집어 입을 수 있는 점퍼

DIALOGUE 2
강 : 다카하시 씨, 우리 부서의 사토 씨가 회사를 그만둬서 지금 부서가 공황상태가 되어 있어요.
다카하시 : 왜 그만두었어요?
강 : 실은 부장님과 크게 싸워서…….
다카하시 : 하지만 크게 싸운 이유가 무엇이었어요?
강 : 들은 이야기로는 부장님에게 혼나고 있는 부하를 감싸서 사토 씨가 부장님에게 말대꾸한 모양이에요.
다카하시 : 아마 평소에 부장님에 대해서 불만이 있었겠죠.
강 : 그렇다 치더라도 일을 잘하는 사토 씨가 없으면 부서가 돌아가지 않아요.
다카하시 : 회사에서도 친구관계에서도 싸움만은 하고 싶지 않네요.
강 : 정말이에요. 우리는 언제까지나 사이좋은 친구로 있자고요.

EXERCISE 2
1　고3 때 아버지가 돌아가셔서 대학에 못 가게 되었습니다.
　　1 회사에서 돌아올 때, 비가 내리다, 옷이 젖다
　　2 어제 저녁, 이웃 아이들이 놀러 오다, 공부를 못하다
　　3 지하철을 탔을 때, 우리 아이가 울다, 도중에 내리다
2　한국 김치는 전 세계에서 먹고 있습니다.
　　1 영어나 스페인어, 전 세계에서 사용하다
　　2 일본 후지산, 외국에서도 알다
　　3 모터쇼, 지금 도쿄에서 행하다
3　A : 김 씨, 왜 이혼했어요?
　　B : 들은 이야기로는 남편이 바람을 피웠답니다.
　　1 입원하다 | 큰 수술을 받다
　　2 깁스를 하고 있다 | 다리뼈가 부러지다
　　3 밥을 먹지 않다 | 지금 다이어트 중이다

FREE TALKING
·당신은 부모 자식 간의 다툼이나 형제 간의 다툼을 합니까?
·최근 누구와 어떤 다툼을 했습니까?
·모르는 사람과 싸운 적이 있습니까?
·친구나 가족과 싸운 경우, 어떻게 화해합니까?

LESSON 18　パソコンとインターネット

DIALOGUE 1
다카하시 : 요즘 강 씨는 집에서도 인터넷을 해요?
강 : 덕분에 쇼핑은 물론, 인터넷으로 한국의 부모님께 전화도 할 수 있게 되었어요.
다카하시 : 그거 잘됐네요. 그런데 요즘 한국에서도 인터넷에 중독된 아이들이 많다고 들었는데 정말이에요?
강 : 그래요. 온라인 게임에 빠져서 하루 종일 게임만 하고 있는 아이들도 많다고 하고 그것을 그만두게 하기 위해서 부모가 치료센터에 보내는 경우도 있대요.
다카하시 : 아이고, 무서운 세상이 되었군요. 옛날에는 컴퓨터 같은 것은 없었기 때문에 밖에서 뛰어다니기도 하고 놀기도 하고 곤충을 잡기도 하고……. 그때는 모두 천진난만했죠.
강 : 맞아요. 잘 생각해보면 지금보다 가족 간의 대화도 많았죠. 옛날이 그리워요.

EXERCISE 1
1　장미꽃은 생일은 물론 출산 축하나 결혼 축하 선물에도 최적입니다.
　　1 비타민C, 감기, 건강 유지, 피부, 효과적이다
　　2 오이, 샐러드, 절임, 팩, 사용되다
　　3 이 카드, 버스, 지하철, 유료 도로, 이용할 수 있다
2　A : 우리 여동생, 운전면허를 가지고 있지 않아요.
　　B : 그럼, 운전면허를 따게 하면 어때요?
　　1 아들, 매일 지각하다 | 30분 일찍 일어나다
　　2 남편, 요즘 살이 쪘다 | 헬스를 다니다
　　3 딸, 미니스커트를 입고 싶어 하다 | 미니스커트를 입다
3　오늘 같은 더운 날에는 모자가 필수품입니다.
　　1 전자수첩, 컴퓨터는 가지고 다니기 편리하다
　　2 그, 내성적인 성격에는 김 씨가 딱이다
　　3 거짓말, 진짜 이야기는 있는 법이다

DIALOGUE 2

강 : 다카하시 씨는 인터넷 할 때 주로 어떤 사이트에 들어가요?
다카하시 : 글쎄요. 신문 사이트라든지 제 블로그에 자주 들어가요.
강 : 와~, 스스로 블로그도 하고 있어요? 대단하네요.
　　저는 컴맹이라서 디카로 찍은 사진도 제대로 컴퓨터에 옮기지 못해요.
다카하시 : 간단해요. 다음에 제가 가르쳐 줄게요.
강 : 와~, 감동! 언제요? 언제 가르쳐 줄 거예요? 이번 일요일?
　　저, 도시락과 맥주를 가지고 다카하시 씨 집에 놀러 갈게요.
다카하시 : 잠깐만요. 아직 저희 집에서 가르친다고는 말하지 않았어요.
　　정말~, 강 씨는 성질이 급하다니까.
강 : 그렇다면 저희 집에 와서 가르쳐 줄래요?
　　맛있는 요리를 대접할게요.
강 : 그건 좀……. 생각해 볼게요.

EXERCISE 2

1 나는 컴맹이라서 별로 인터넷은 하지 않습니다.
　1 방향, 모르는 곳에는 혼자 가지 않다
　2 운동, 스포츠는 하지 않다
　3 맛, 요리는 만들지 않다

2 다나카 씨는 귀국 자녀라서 간단한 한자도 제대로 쓰지 못합니다.
　1 운전경력이 짧다, 평행 주차, 못하다
　2 쇼킹한 일이 있었다, 밥, 먹지 않다
　3 술이 약하다, 맥주, 마시지 못하다

3 A : 오늘 저녁식사라도 같이 어때요?
　B : 오늘은 좀……. 약속이 있어요.
　1 술이라도 한잔 | 술, 알코올에 약하다
　2 다음 주에 영화라도 같이 | 다음 주, 해외출장을 가야 한다
　3 다음에 같이 가라오케에라도 | 가라오케, 노래를 못하다

FREE TALKING

· 당신은 어떤 때에 컴퓨터를 사용합니까?
· 당신은 인터넷을 할 때, 주로 어떤 사이트에 들어갑니까?
· 당신이 자주 보는 사이트나 홈페이지나 블로그를 소개해 주세요.
· 당신은 일주일에 어느 정도 인터넷을 하고 있습니까?

LESSON 19　語学

DIALOGUE 1

다카하시 : 강 씨, 어떻게 하면 영어를 잘할 수 있을까요?
강 : 역시 현지에 가서 학교를 다니는 게 가장 지름길이 아닐까요?
다카하시 : 확실히 그렇지만, 외국에 가면 돈도 들고
　　고독하고 견딜 수 있을지 불안해요.
강 : 하지만 영어권 학교를 다니면 억지로라도 영어로
　　이야기하게 되고 학교 숙제도 해야 하니까
　　영어 실력이 단기간에 쑥쑥 오를 거예요.
다카하시 : 그렇겠지만……. 음~, 하지만 저, 역시 일본의 영어 학원을
　　다닐래요. 시간은 걸리겠지만요…….
강 : 그렇다면 좋은 방법 가르쳐 줄까요?
　　외국인 여자 친구를 만들면 돼요.
다카하시 : 설마 강 씨도 그 방법으로 일본어를 배운 건 아니겠죠?

EXERCISE 1

1 A : 다나카 부장님이라는 분은 아주 독재적이죠?
　B : 확실히 그렇지만, 그는 정이 많아요.
　1 스즈키 선생님, 아주 엄격하다 | 평소에는 자상하다
　2 사토 과장님, 완고하다 | 일은 남보다 배나 잘하다
　3 이 주임님, 화내면 무섭다 | 그는 술을 마실 때는 통이 크다

2 어제 사장님의 지시로 서울에 출장 갔어요.
　1 어젯밤, 김 선생님, 가라오케에서 노래를 부르다
　2 오늘, 김 선배님, 박 씨와 손을 잡다
　3 오늘 조례 때, 담임선생님, 전교생 앞에서 스피치하다

3 A : 왠지 오른쪽 배가 아파요.
　B : 설마 맹장염에 걸린 건 아니겠죠?
　1 어제 불길한 꿈을 꾸었다 | 오늘 나쁜 일이 일어나다
　2 요즘 남자 친구에게서 연락이 없다 | 차였다
　3 요즘 이웃집 다나카 할머니가 보이지 않다 | 집에서 (병으로) 자리에 눕다

DIALOGUE 2

다카하시 : 강 씨는 어떻게 일본어를 마스터한 거예요?
강 : 아니에요. 아직 마스터했다고는 할 수 없지만
　　고교시절부터 애니메이션을 보기도 하면서 항상 일본어를 접하도록 노력했었어요.
다카하시 : 강 씨만큼 일본어를 완벽하게 구사할 수 있는 사람은 없어요.
강 : 그렇지 않아요. 저보다 잘하는 사람은 쌔고 쌨어요.
다카하시 : 정말 부러워요. 저도 하나만이라도 좋으니까 다른 나라 말을
　　할 수 있다면 더할 나위 없는데 말이죠.
강 : 지금부터라도 늦지 않았어요. 어느 나라 말을 배우고 싶어요?
다카하시 : 역시 한국어에 흥미가 있어요.
강 : 그럼, 오늘부터 제가 철저히 스파르타식으로 가르쳐 줄게요.
다카하시 : 아~, 그건 사양할게요.

EXERCISE 2

1 A : 김 씨, 사회적으로 성공해서 잘됐네요.
　B : 아직 성공했다고는 할 수 없지만 제 이름이 알려지게 되었습니다.
　1 살이 많이 빠졌다 | 완전히 살이 빠졌다, 10년 전의 스커트를 입을 수 있다
　2 스쿼시가 능숙해졌다 | 완벽하다, 겨우 안정된 폼으로 칠 수 있다
　3 수술이 무사히 끝나서 다행이다 | 나았다, 자연스럽게 걸을 수 있다

2 A : 요즘 덥네요.
　B : 올해 여름이 좀 더 시원했으면 더할 나위 없는데 말이죠.
　1 일본어능력시험 2급에 합격했다 | 좀 더 점수가 높다
　2 다나카 씨 아들 키가 크다 | 좀 더 살이 붙다
　3 새 집을 지었다 | 남은 건 여기에 와 줄 신부가 있다

3 A : 스즈키 씨는 스포츠 중에서 무엇에 흥미가 있어요?
　B : 나는 육상에 흥미가 있어요.
　1 한국 관광지, 어디 | 경주
　2 연예인, 누구 | 기무라 다쿠야
　3 대학 학부, 어느 학부 | 경영학부

FREE TALKING

· 당신은 어떤 어학을 할 수 있습니까?
· 어학을 공부할 때 가장 중요한 것은 무엇입니까?

· 당신은 일본어를 언제부터 배우고 있습니까?
· 일본어 중에서 가장 어려운 점은 무엇입니까?

LESSON 20 ビジネス

DIALOGUE 1
점원 : 어서 오세요.
손님 : 실례합니다. 유기농 재배 원두 있어요?
점원 : 아, 예. 이쪽입니다.
손님 : 이 가게에서 추천하는 거 있어요?
점원 : 예. 이 에콰도르 원두는 어떠세요?
　　　꽤 저렴하게 나와 있습니다.
손님 : 그럼, 이걸 4봉지 주세요.
점원 : 예, 알겠습니다.
　　　지금 포장해 드릴 테니 잠시만 기다려 주십시오.
　　　오래 기다리시게 해서 죄송합니다. 2500엔입니다.
　　　예, 만 엔 받았습니다. 그럼, 거스름돈 7500엔이 되겠습니다.
　　　감사합니다.

EXERCISE 1
1 저쪽에 보이는 타워가 N서울타워입니다.
　1 강, 한강
　2 왕궁, 경복궁
　3 마을, 민속촌
2 지금 사장님을 불러 드릴 테니까 잠시만 기다려 주십시오.
　1 담당자에게 연결하다
　2 앞접시를 가져오다
　3 봉지에 담다
3 지금 확인할 테니 조금만 더 기다려 주십시오.
　1 차를 준비하다
　2 계산하다
　3 방을 준비하다

DIALOGUE 2
다나카 : 예, 다나카입니다.
강 : 아, 항상 신세를 지고 있습니다. 니혼건설의 강입니다.
다나카 : 아, 안녕하십니까? 저야말로 항상 신세를 지고 있습니다.
　　　　저, 지금 출장 때문에 오사카에 와 있어요.
강 : 아, 그러세요? 만나서 드릴 말씀이 있는데,
　　언제쯤 도쿄로 돌아오십니까?
다나카 : 모레가 될 것 같습니다.
강 : 돌아오시면 그때 또 찾아뵙겠습니다.
다나카 : 예, 알겠습니다.
강 : 그럼 실례하겠습니다.
다나카 : 예, 그럼 실례하겠습니다.

EXERCISE 2
1 A : 남편께서는 매일 몇 시쯤 집에 돌아오세요?
　B : 대개 10시쯤 돌아옵니다.
　1 과장님, 몇 시쯤 회의실에 들어가다 | 5분 후에
　2 김 씨, 몇 시쯤 공항에 도착하다 | 오후 4시쯤
　3 다나카 씨 댁의 텔레비전, 어느 브랜드를 사용하고 있다 | 소니
2 A : 선생님, 가끔 운동을 하세요?
　B : 예, 가끔 합니다.
　1 사장님, 점심은 무엇을 먹다 | 장어덮밥을 먹다
　2 부장님, 언제 B사에 전화하다 | 내일까지 전화하다
　3 대리님, 도쿄에 언제쯤 오다 | 한 달 후에 오다
3 A : 내일 샘플을 보내 드리겠습니다.
　B : 예, 잘 부탁드립니다.
　1 내 자기소개를 하다
　2 회의 결과를 보고하다
　3 내 18번을 한 곡 부르다

FREE TALKING
· 당신은 어떤 비즈니스를 해 보고 싶습니까?
· 비즈니스맨에게 필요한 것은 뭐라고 생각합니까?
· 회사 생활에서 힘든 일은 뭐라고 생각합니까?
· 돈을 들이지 않고 할 수 있는 비즈니스가 있습니까?